¡Arriba!

Nuevos enfoques para ti

Vokabelheft 2

C.C.Buchner

¡Arriba!

Nuevos enfoques para ti

Herausgegeben von Melanie Hohmann

Vokabelheft 2

Erarbeitet von Johanna Fey

Bildnachweis
Elisabeth Böhm, Bamberg: Cover; Getty Images: Cultura RM / Dale Reubin: Cover; Thinkstock: Photodisc / Christof Koepsel: Cover – Photodisc / Jack Hollinsworth: Cover – Hemera / Mike Flippo: S. 39 – Hemera / Inna Afanaseva: S. 47; Thinkstock / iStock: Anna Omelchenko: Cover – maszas: Cover – fightbegin: Cover – nataly-Nete: S. 9, S. 45 – Serz72: S. 29 – KRIKUN: S. 29 – Roman Samokhin: S. 39 – anna1311: S. 39 – julyvelchev: S. 43 – shorenated: S. 45 – Dariachegaieva: S. 45 (3) – ericb007: S. 45 – colematt: S. 53, S. 55 – sh22: S. 57 – natchaphon: S. 65 (2) – drogatnev: S. 67 – mircovone: S. 71 – studiogstock: S. 79 – Elena Belyakova: S. 79 – JuliarStudio: S. 89

1. Auflage, 1. Druck 2017
Alle Drucke dieser Auflage sind, weil untereinander unverändert, nebeneinander benutzbar.

Dieses Werk folgt der reformierten Rechtschreibung und Zeichensetzung. Ausnahmen bilden Texte, bei denen künstlerische, philologische oder lizenzrechtliche Gründe einer Änderung entgegenstehen.

Redaktion: Elisabeth Böhm
Umschlaggestaltung, Layout und Satz: tiff.any GmbH, Berlin
Illustrationen: Katja Rau, Berglen
Druck und Bindung: Pustet, Regensburg

www.ccbuchner.de
ISBN 978-3-661-**80052**-3

Vorwort

Liebe Spanisch-Lernerin, lieber Spanisch-Lerner,

das Vokabelheft zum Lehrwerk *Arriba 2* erleichtert dir das Lernen und Wiederholen der Vokabeln. Darin findest du den Wortschatz aus *Arriba 2* nach Kapiteln geordnet. Jede Doppelseite ist in drei Spalten gegliedert: Auf der linken Seite steht der spanische Ausdruck und auf der rechten Seite die deutsche Übersetzung. In der Spalte ganz rechts findest du auf jeder Doppelseite bereits einige Vokabel-Merkhilfen. Diese Merkhilfen-Spalte ist für dich bestimmt. Du kannst hier deine eigenen Hilfen aufschreiben und die Spalte weiter befüllen. So eine Hilfe kann ein Beispiel, das Gegenteil oder ein Satz, aber auch ein Reim, eine Gleichung, ein Bild oder ein Wortbild sein – je nachdem, was dir hilft, deinen eigenen Wortschatz aufzubauen. Sieh dir die vorhandenen Beispiele und die Übersicht auf der übernächsten Seite an. Du hast bestimmt auch selbst viele gute Ideen!
Nachdem du ein neues Wort gelernt hast und es beim Abfragen kannst, hakst du es ganz links im entsprechenden Kästchen ab. Dies solltest du nach einiger Zeit wiederholen, damit du auch ältere Vokabeln im Gedächtnis behältst.
Wenn du ein bestimmtes Wort suchst, so hilft dir dabei das *Diccionario* ab Seite 94.

Viel Spaß beim Spanisch-Lernen
wünscht dir

Das *Arriba*-Team

Liebe Eltern,

Vokabellernen ist ein kontinuierlicher Prozess, der zum Erlernen einer Sprache dazugehört. Die Aneignung neuer Vokabeln geht sehr individuell vonstatten. In unserem Gedächtnis stehen die neuen Wörter nicht isoliert, sondern sie werden mit anderen vernetzt. So entstehen Wortfelder im Kopf, welche es uns leichter machen, spanische Wörter bei Bedarf abzurufen. Dieses Vokabelheft orientiert sich an der Funktionsweise dieser Wortnetze (mentales Lexikon). Mithilfe der drei Spalten auf jeder Doppelseite erarbeitet Ihr Kind Merkhilfen und baut sich somit seinen eigenen, "vernetzten" Wortschatz auf.
Um im Spanischen am Ball zu bleiben, sollte Ihr Kind regelmäßig Vokabeln lernen und Wortschatz der bereits bearbeiteten Lektionen wiederholen. Jeden Tag zehn Minuten zu lernen ist dabei besser als einmal pro Woche eine Stunde. Da diese Regelmäßigkeit den Schülern meist schwer fällt, können Sie Ihr Kind darin unterstützen – auch wenn Sie selbst kein Spanisch sprechen. Als Erstes können Sie regelmäßig kontrollieren, ob Ihr Kind Vokabeln schreibt und mit diesem Heft arbeitet. Sie können aber auch im Alltag das Vokabellernen Ihres Kindes integrieren: Bei einer Haushaltstätigkeit beispielsweise können Sie Ihrem Kind die deutsche Vokabel nennen, welche dieses anschließend übersetzt. Das Überprüfen, ob die spanische Vokabel richtig genannt wurde, ist nicht schwierig, da die spanischen Wörter meistens so gesprochen werden, wie sie auch geschrieben werden.

Mit den besten Wünschen

Ihr *Arriba*-Team

Aprendo mi vocabulario

Um Vokabeln nachhaltiger zu lernen, kannst du verschiedene Strategien anwenden.
Diese Übersicht gibt dir dazu Hilfen.

STRATEGÍA	ESPAÑOL	AYUDA	ALEMÁN
Bilder	el libro		das Buch
Wortbilder	la pluma		der Füller
andere Sprachen	el ejemplo	 example	das Beispiel
Wortfamilie	la presentación	verbo : presentar algo	die Präsentation
Synonyme/ Antonyme	contestar a algo	= responder / ≠ preguntar	auf etw. antworten
Erklärung	el bolígrafo	Una cosa para escribir.	der Kugelschreiber
Beispielsätze	leer algo	En clase los alumnos *leen* libros.	etw. lesen
Eselsbrücken	la luz	Lutz macht das Licht an.	das Licht
Reime	el cuaderno	Mi cuaderno es muy moderno.	das Heft

1 Volvemos a clase

- ☐☐☐☐☐ volver
- ☐☐☐☐☐ el hotel
- ☐☐☐☐☐ el hostal
- ☐☐☐☐☐ el camping
- ☐☐☐☐☐ el apartamento para las vacaciones
- ☐☐☐☐☐ la organización de jóvenes
- ☐☐☐☐☐ el/la joven, los jóvenes

- ☐☐☐☐☐ caminar
- ☐☐☐☐☐ el centro comercial
- ☐☐☐☐☐ bucear
- ☐☐☐☐☐ la experiencia
- ☐☐☐☐☐ el álbum de fotos
- ☐☐☐☐☐ Alemania
- ☐☐☐☐☐ España
- ☐☐☐☐☐ Francia
- ☐☐☐☐☐ Italia
- ☐☐☐☐☐ Turquía
- ☐☐☐☐☐ Gran Bretaña
- ☐☐☐☐☐ Austria
- ☐☐☐☐☐ Suiza
- ☐☐☐☐☐ Suecia
- ☐☐☐☐☐ Dinamarca

zurückkehren, wiederkommen	
das Hotel	
das Hostel, das Gasthaus	
der Campingplatz	
die Ferienwohnung	
die Jugendorganisation	
der Jugendlicher, die Jugendliche, die Jugendlichen	≠ un adulto
wandern, herumlaufen, spazieren	
das Einkaufszentrum	
tauchen	
die Erfahrung	experience
das Fotoalbum	
Deutschland	
Spanien	
Frankreich	
Italien	
Türkei	
Großbritannien	
Österreich	
Schweiz	
Schweden	
Dänemark	

A Saludos a los amigos

- la costa
- ¡Es un sueño!
- quemar
- cada
- tomar el sol
- practicar el surf
- típico/a
- por supuesto
- rápidamente
- agotador/a
- el beso/besito
- el recuerdo
- ¡Recuerdos a todos!
- mandar
- desde
- el norte
- compartir
- fenomenal
- el/la peregrino/a
- desafortunadamente

die Küste	España tiene muchas **costas**, por ejemplo la Costa Brava y la Costa del Sol.
Es ist ein Traum!	
(ver)brennen, einen Sonnenbrand verursachen	El sol quema mucho.
jede/r	
sich sonnen	
surfen	
typisch	Una comida **típica** de Valencia es la paella.
selbstverständlich, natürlich	
schnell (Adv.)	
anstrengend	
der Kuss/das Küsschen	
die Erinnerung	
Grüße an alle!	
senden, schicken	Los amigos **mandan** postales y mensajes a Daniel y Sofia.
von …, aus …, seit	
der Norden	
teilen	**Comparto** la habitación con mi hermana.
phänomenal, toll	
der/die Pilger/in	
leider	unfortunately

☐☐☐☐☐ el tiempo

☐☐☐☐☐ echar de menos a algo/algn

☐☐☐☐☐ ¡Qué barbaridad!

☐☐☐☐☐ Espero que estéis bien.

☐☐☐☐☐ por aquí

☐☐☐☐☐ por eso

☐☐☐☐☐ la nota

☐☐☐☐☐ las (ciencias) naturales

☐☐☐☐☐ ¡Qué rollo!

☐☐☐☐☐ mejor

☐☐☐☐☐ el/la mejor

☐☐☐☐☐ las pelis románticas

☐☐☐☐☐ maquillarse

☐☐☐☐☐ Hace / Tenemos … grados (sobre / bajo cero).

☐☐☐☐☐ Hace sol.

☐☐☐☐☐ Hay nubes.

☐☐☐☐☐ la nube

☐☐☐☐☐ el calor

☐☐☐☐☐ Hace viento.

☐☐☐☐☐ el viento

☐☐☐☐☐ (No) Hace buen tiempo.

☐☐☐☐☐ llover (o → ue)

☐☐☐☐☐ Hace frío.

☐☐☐☐☐ el frío

☐☐☐☐☐ Hay una tormenta.

das Wetter, die Zeit	Si hace buen **tiempo** voy a la playa. Puedes venir si tienes **tiempo**.
jemanden/etwas vermissen	
Wie gemein!	
Ich hoffe, es geht euch gut.	
hier	
daher, deshalb	
die Note	
die Naturwissenschaften	
Wie langweilig!	= ¡Es muy aburrido!
besser	
beste/r	
romantische Filme	
sich schminken	

Es ist / Wir haben … Grad (über / unter Null).

Die Sonne scheint.

Es ist bewölkt.

die Wolke

die Hitze, die Wärme

Es ist windig.

der Wind

Es ist (kein) gutes Wetter.

regnen

Es ist kalt.

die Kälte

Es ist stürmisch. / Es gibt ein Gewitter.

> Merke dir bei den Ausdrücken zum Wetter gleich, ob hay oder hace verwendet wird.

> Verben, die eine Wettererscheinung beschreiben, können nur in der 3. Person Singular stehen!

Hace mal tiempo.
Hace (mucho) calor.
la nieve
nevar (e → ie)
el hielo
la niebla
el saludo

feliz, Pl: felices
2 la lluvia

la primavera
el verano
el otoño
el invierno
el pronóstico (del tiempo)
4 el mundo hispanohablante
7 donde
lo malo
malo/a
el senderismo
amable
la montaña
el actor, la actriz
8 cansado/a
10 el país
tanta/o
la Comunidad Autónoma
el sur

Es ist schlechtes Wetter.	
Es ist (sehr) heiß.	
der Schnee	
schneien	
das Eis, die Glätte	el hielo ≠ el helado
der Nebel	
der Gruß	¡Muchos **saludos** a todos en Alemania!
glücklich, zufrieden	
der Regen	llover
der Frühling	
der Sommer	
der Herbst	 autumn
der Winter	
die Wettervorhersage	
die spanischsprachige Welt	
wo (Relativpronomen)	¿Dónde? ≠ donde
das Schlechte, das Schlimme	
schlecht, schrecklich	≠ bueno/a
das Wandern	
freundlich	
der Berg, das Gebirge	
der Schauspieler, die Schauspielerin	actor, actress
müde	descansar
das Land	
so viel, so sehr	
die autonome Region in Spanien	
der Süden	

☐☐☐☐☐ el oeste
☐☐☐☐☐ la isla
11 ☐☐☐☐☐ a continuación
☐☐☐☐☐ cuando
12 ☐☐☐☐☐ el folleto
☐☐☐☐☐ la capital
☐☐☐☐☐ la geografía
☐☐☐☐☐ los habitantes
☐☐☐☐☐ la lengua
☐☐☐☐☐ la costumbre

B Viajes inolvidables

☐☐☐☐☐ el viaje
☐☐☐☐☐ viajar
☐☐☐☐☐ notar algo
☐☐☐☐☐ la piel

☐☐☐☐☐ moreno/a
☐☐☐☐☐ obviamente (Adv.) / obvio/a (Adj.)
☐☐☐☐☐ parar
☐☐☐☐☐ la vista
☐☐☐☐☐ ¡Qué chulada!
☐☐☐☐☐ pasárselo genial

☐☐☐☐☐ el palacio
☐☐☐☐☐ el/la árabe
☐☐☐☐☐ me parece

der Westen	
die Insel	island
im weiteren Verlauf	
wenn (temporal)	
der Flyer, die Infobroschüre	
die Hauptstadt	
die Geographie, die Landschaft	
die Einwohner	inhabitants
die Sprache	= el idioma language
der Brauch	

die Reise	
reisen	
etwas bemerken, gleich erkennen	
die Haut	Daniel toma mucho sol, ahora tiene **la piel** muy morena.
braun, dunkel (Haare oder Haut)	
absolut, selbstverständlich	
Halt machen	
der Ausblick, die Aussicht	view ver
Wie toll!	= ¡Qué guay!/¡Qué chulo!
viel Spaß haben, eine tolle Zeit haben	
der Palast	palace
der/die Araber/in; arabisch	
mir scheint …	

la salchicha
el acento
1 el baile
2 difícil
la actividad
el pasado
3 lindo/a
la maravilla
¡Qué envidia!
tanto/a
hasta
el kilómetro
estar a unos (XX) kilómetros de …

las/los gemelas/os
la parte
la piñata

romper
los peques
fuerte
deberle algo a alguien
acordarse
subir

la pirámide
la energía
especial

die Wurst	sausage
der Akzent	
der Tanz	
schwierig	≠ fácil
die Tat, die Unternehmung	
die Vergangenheit	
schön	= bonito/a
das Wunder, das Großartige	
Ich beneide dich!	
so sehr, so viel	
sogar	
der Kilometer	1 kilómetro = 1000 metros
einige (ca. XX) Kilometer entfernt sein von …	
(eineiige) Zwillinge	≠ mellizos
der Teil	
die Piñata (Pappmaschéfigur gefüllt mit Süßigkeiten)	
kaputt machen, zerschlagen	
die Kinder	= los pequeños
stark, laut, kräftig	
jemandem etwas schulden	Me debes dos euros.
sich erinnern	
hinaufsteigen	En México se puede **subir** las pirámides maya.
die Pyramide	
die Energie	
speziell, besonders	especially

- ☐☐☐☐☐ sagrado/a
- ☐☐☐☐☐ ¡Súper chido!
- ☐☐☐☐☐ el/la azteca
- ☐☐☐☐☐ chistoso/a
- ☐☐☐☐☐ el volcán
- ☐☐☐☐☐ el/la mexicano/a
- ☐☐☐☐☐ el dios, la diosa
- ☐☐☐☐☐ mágico/a
- ☐☐☐☐☐ el Zócalo
- ☐☐☐☐☐ el convento
- ☐☐☐☐☐ el siglo
- ☐☐☐☐☐ el cerro
- ☐☐☐☐☐ la subida
- ☐☐☐☐☐ disfrutar de algo
- ☐☐☐☐☐ hacer una barbacoa
- ☐☐☐☐☐ salvaje
- ☐☐☐☐☐ el bosque
- ☐☐☐☐☐ la carne
- ☐☐☐☐☐ picante
- ☐☐☐☐☐ el chile
- ☐☐☐☐☐ picar
- ☐☐☐☐☐ costarle a algn
- ☐☐☐☐☐ acostumbrarse
- ☐☐☐☐☐ ¡Qué lástima!

heilig	Las pirámides maya son lugares **sagrados**.
Super toll! (mex.)	= ¡Guay!
der Azteke, die Aztekin; aztekisch	
witzig	= gracioso
der Vulkan	
der/die Mexikaner/in; mexikanisch	
der Gott, die Göttin	
magisch	magical
zentraler Platz in Städten Mexikos	
das Kloster	
das Jahrhundert	el siglo 21 = 2000, 2001, 2002, …
der Hügel	
der Aufstieg	subir
etwas genießen	
grillen	barbecue
wild	
der Wald	= muchos árboles
das Fleisch	
scharf	El chili con carne mexicano es muy **picante**.
die Chilischote	
scharf sein, auf der Zunge brennen	
eine Weile dauern, schwer fallen	
sich an etwas gewöhnen	una costumbre
Wie schade!	

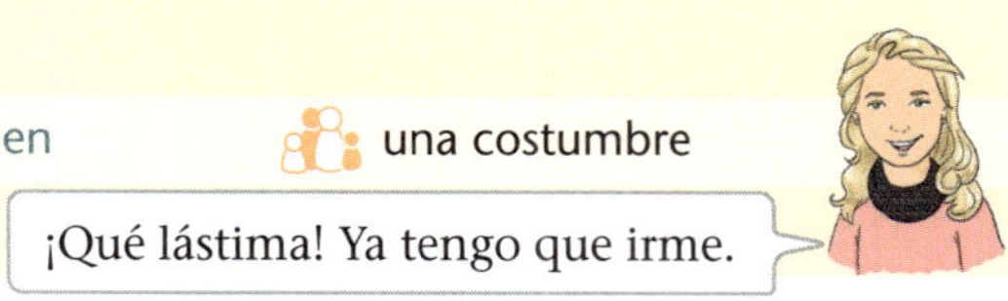

☐☐☐☐☐ en serio
☐☐☐☐☐ la próxima vez
6 ☐☐☐☐☐ el gazpacho
☐☐☐☐☐ la sopa
☐☐☐☐☐ el tinto de verano
☐☐☐☐☐ la mezcla
☐☐☐☐☐ la limonada
☐☐☐☐☐ la discoteca
☐☐☐☐☐ alojarse
☐☐☐☐☐ viejo/a
☐☐☐☐☐ la piscina
10 ☐☐☐☐☐ el medio de transporte
11 ☐☐☐☐☐ gustaría
12 ☐☐☐☐☐ el pollo
☐☐☐☐☐ deber
13 ☐☐☐☐☐ el/la cantante
☐☐☐☐☐ el/la estadounidense

2 Celebramos nuestro cumple en España

☐☐☐☐☐ la tarta con velas
☐☐☐☐☐ la hamburguesa
☐☐☐☐☐ los espaguetis

ernsthaft, wirklich	
nächstes Mal	
das Gazpacho (kalte Gemüsesuppe)	El **gazpacho** es una sopa fría típica de Andalucía.
die Suppe	
Sommerwein: Mix aus Rotwein und Zitronenlimonade	
die Mischung	
die Limonade	
die Diskothek	
unterkommen, sich einquartieren	
alt	
das Schwimmbad	
das Verkehrsmittel	
es würde gefallen, würde gerne	
das Hähnchen	
etwas tun müssen, sollen, jemandem etwas schulden	los deberes
der/die Sänger/in	cantar
der/die US-Amerikaner/in; US-amerikanisch	Estados Unidos

der Geburtstagskuchen mit Kerzen darauf	
der Hamburger	
die Spagettis	

□□□□□ la pasta con salsa boloñesa
□□□□□ el parque de ocio

□□□□□ proponer algo
□□□□□ rechazar algo
□□□□□ algunos/as
□□□□□ el plato
□□□□□ la costumbre

A Un cumple mellizo – ¡qué guay!

□□□□□ ya no
□□□□□ la (primera) vez

□□□□□ el parque acuático
□□□□□ lo
□□□□□ sonar (o → ue)
□□□□□ más
□□□□□ excitante
□□□□□ por otro lado

□□□□□ menos
□□□□□ caro/a
□□□□□ prestar

□□□□□ el tablet
1 □□□□□ la opinión
□□□□□ pensar (e → ie)

Nudeln mit Bolognese-Soße	
der Freizeitpark	El fin de semana la familia Dörfler va **al parque de ocio** en Granada.
etwas vorschlagen	
etwas ablehnen	
einige	
das Gericht	
der Brauch	

nicht mehr	
das (erste) Mal	otra vez, tal vez, la próxima vez
das Erlebnisbad	el agua
das, es	
klingen, sich anhören	
mehr, plus	
aufregend, spannend	exciting
auf der anderen Seite	Por un lado quiero ir al parque acuático, **por otro lado** me interesa el parque de ocio.
weniger; außer	
teuer	
(aus)leihen	¿Me **prestas** tu nuevo libro, por favor?
der Tablet-PC	
die Meinung	opinion
denken, etwas vorhaben	

2 □□□□□ la atracción
□□□□□ alto/a
□□□□□ de alta emoción
□□□□□ moderado/a
□□□□□ ambos/as
□□□□□ alucinante
□□□□□ rápido/a
□□□□□ refrescante
□□□□□ relajado/a
□□□□□ lento/a
□□□□□ bajar(se)

□□□□□ la velocidad
□□□□□ el miedo
□□□□□ atreverse a hacer algo
□□□□□ seguro/a
□□□□□ valiente

□□□□□ el tobogán
3 □□□□□ cumplir (los) … años

□□□□□ importar

□□□□□ la edad
□□□□□ posible
□□□□□ el mínimo
□□□□□ las patatas fritas
□□□□□ llevar

die Attraktion, das Fahrgeschäft, *hier:* die Rutsche	
hoch	
sehr aufregend	
gemäßigt, mittelmäßig, moderat	
beide	
beeindruckend, wahnsinnig	= impresionante, genial
schnell	≠lento
erfrischend	el refresco
entspannt	relax
langsam	≠rápido
heruntergehen; aussteigen; *hier:* rutschen	bajo, debajo de
die Geschwindigkeit	
die Angst	
sich trauen, etwas zu tun	
sicher	≠ inseguro
mutig	Una persona que no tiene miedo es **valiente**.
die Rutsche	
... Jahre alt werden, ... Geburtstag haben	Hoy mi madre **cumple** 45 **años**.
wichtig sein; jemandem etwas ausmachen	importante
das Alter	
möglich	possible
das Minimum, das Mindeste	
die Pommes Frites	
mitbringen, mitnehmen	

- ☐☐☐☐☐ incluido/a
- T ☐☐☐☐☐ flipar
- ☐☐☐☐☐ pasado/a
- ☐☐☐☐☐ por
- ☐☐☐☐☐ la mudanza
- ☐☐☐☐☐ majo/a
- ☐☐☐☐☐ planear algo
- ☐☐☐☐☐ saber
- ☐☐☐☐☐ el curso
- ☐☐☐☐☐ de mi parte
- ☐☐☐☐☐ quedar
- ☐☐☐☐☐ repartir
- ☐☐☐☐☐ ¡Nada de eso!
- ☐☐☐☐☐ nadie
- ☐☐☐☐☐ el pícnic
- ☐☐☐☐☐ el paquete
- ☐☐☐☐☐ ofrecer
- ☐☐☐☐☐ incluir
- ☐☐☐☐☐ cualquier/a
- ☐☐☐☐☐ la hamburguesería
- ☐☐☐☐☐ ¡Qué pena!
- ☐☐☐☐☐ caber
- ☐☐☐☐☐ la taquilla norte
- ☐☐☐☐☐ la semana

darin enthalten, inklusive	
ausflippen, ganz begeistert sein	flip out
vergangen, vorherig	past el pasado
wegen	
der Umzug	
nett	= amable
etwas planen	
wissen	¿Adónde van los mellizos? – No lo **sé**.
die Klasse, der Kurs	
von meiner Seite	
übrig bleiben, übrig sein	**Quedan** tres gomitas, ¿las quieres comer tú?
ver-, austeilen	
Auf keinen Fall!, Nichts da!	
niemand	
das Picknick	
das Paket	
anbieten	
beinhalten	
irgendein/e, egal welche/r	
Burgerlokal	la hamburguesa
Wie schade!	
passen	
der nördliche Kassenschalter	
die Woche	el fin de **semana**

6 □□□□□ la ensalada

frutas y verduras

□□□□□ la pera
□□□□□ la cereza
□□□□□ el melocotón
□□□□□ la fresa
□□□□□ la frambuesa
□□□□□ el mango
□□□□□ la uva
□□□□□ el melón
□□□□□ la sandía
□□□□□ la piña
□□□□□ el aguacate
□□□□□ el ajo
□□□□□ las espinacas
□□□□□ la lechuga
□□□□□ los guisantes
□□□□□ el pimiento
□□□□□ la calabaza
□□□□□ el maíz
□□□□□ el pepino
□□□□□ medio kilo de …
□□□□□ la barra
□□□□□ la botella
□□□□□ la bolsa

die Salatmischung, der (angemachte) Salat

> la **ensalada** = der (angemachte) Salat
> ≠ la lechuga = der Salatkopf

die Birne

die Kirsche — cherry

der Pfirsich

die Erdbeere

die Himbeere

die Mango

die Traube

die Melone

> Wenn die Spanier **un melón** kaufen, meinen sie eine Honigmelone.

die Wassermelone

die Ananas — pineapple

die Avocado

der Knoblauch

der Spinat

der Salatkopf

die Erbsen

die Paprika

der Kürbis

der Mais

die Gurke

ein halbes Kilo …

die Stange (z. B. Brot)

die Flasche

die Tasche, die Tüte

> Mit la bolsa meinen die Spanier eine Plastik- oder Papier(trage)tasche, el bolso bezeichnet eine Handtasche für Frauen.

□□□□□ el litro
□□□□□ la lata
□□□□□ la harina

□□□□□ el azúcar
7 □□□□□ ayer
□□□□□ el céntimo
□□□□□ algo más
□□□□□ es todo
□□□□□ dar
□□□□□ ¿Cuánto cuesta?
9 □□□□□ regalar
□□□□□ el balón de fútbol
□□□□□ estar de acuerdo
10 □□□□□ a tiempo
□□□□□ tarde
□□□□□ ¡Ni modo!
□□□□□ las torrijas

11 □□□□□ último/a
12 □□□□□ prometer

B La fiesta en familia

1 □□□□□ ¿Cuál/es?
2 □□□□□ la carta

der Liter	1 litro = 1000 ml
die Dose	
das Mehl	Para preparar una tarta necesitamos medio kilo de **harina** y 200 gramos de **azúcar**.
der Zucker	sugar
gestern	ayer – hoy – mañana
der (Euro-)Cent	1 € = 100 céntimos
noch etwas	
das ist alles	
geben	
Wieviel kostet das?	
schenken	el regalo
der Fußball	
einverstanden sein	¿De acuerdo? = ¿Vale?
pünktlich	
spät	
Macht nichts!, Halb so schlimm!	= No pasa nada.
„Arme Ritter" (in Milch und Ei eingeweichtes und gebratenes Weißbrot)	
letzte/r/s	
versprechen	promise

Welche/r/s?	
die Speisekarte	

- la entrada
- el plato fuerte
- la sopa
- el aderezo
- el vinagre
- la enchilada
- el tamal
- la salsa
- la res
- empanizado/a
- el cerdo
- el limón
- el salmón
- las hierbas finas
- el camarón
- el champiñón
- T aún
- la oreja
- tirar
- basta
- Ni idea
- no … ni …
- cierto/a
- el puré
- asqueroso/a

die Vorspeise	
das Hauptgericht	
die Suppe	
die Beilage	
der Essig	
die Enchilada (gefüllter, weicher Tortillafladen)	
die Tamale (Gericht aus gefülltem Maisteig)	
die Soße	
das Rind	
paniert	
das Schwein	
die Zitrone	
der Lachs	
feine Kräuter	
die Garnele, die Krabbe	
der Champignon	
(immer) noch	
das Ohr	Con **las orejas** se puede escuchar.
ziehen	
es reicht	
Keine Ahnung	
weder … noch …	
sicher, gewiss	certain
das Püree	
fies, abstoßend	

☐☐☐☐☐	odiar algo
☐☐☐☐☐	el sabor
☐☐☐☐☐	soso/a
☐☐☐☐☐	el postre
☐☐☐☐☐	el arroz
☐☐☐☐☐	ser alérgico/a a algo
☐☐☐☐☐	el gluten
☐☐☐☐☐	ser vegetariano/a
☐☐☐☐☐	pobrecita
☐☐☐☐☐	de todo tipo
☐☐☐☐☐	sin
☐☐☐☐☐	la lactosa
☐☐☐☐☐	la fructosa
☐☐☐☐☐	ser intolerante a algo
☐☐☐☐☐	el/la camarero/a
☐☐☐☐☐	el agua mineral con gas / sin gas
☐☐☐☐☐	de primero
☐☐☐☐☐	de segundo
☐☐☐☐☐	ligero/a
☐☐☐☐☐	en seguida
☐☐☐☐☐	traer
☐☐☐☐☐	el Estadio Olímpico
☐☐☐☐☐	grasoso/a
☐☐☐☐☐	quemado/a

etwas hassen	No me gusta nada el guacamole. = **Odio** el guacamole.
der Geschmack, die Sorte	
fad, geschmacklos, langweilig	= no tener sabor
der Nachtisch	Pido un helado como **postre**.
der Reis	
allergisch auf etwas sein	allergic una alergia
das Gluten	
Vegetarier/in sein	vegetarian = no comer carne
die Arme!	
alles Mögliche	
ohne; ~frei	≠con
die Laktose	
die Fruktose	
~intolerant sein	
der/die Kellner/in	= la persona que trae la comida en un restaurante
das Mineralwasser mit/ ohne Kohlensäure	
als Vorspeise	
als Hauptgang	second
leicht (Speise)	light
sofort	= ahora mismo
(her-)bringen	
das Olympiastadion	
fettig, fetthaltig	la grasa
verbrannt, verkohlt	

☐☐☐☐☐ exagerar
☐☐☐☐☐ para nada
☐☐☐☐☐ la ración
☐☐☐☐☐ de una vez
5 ☐☐☐☐☐ lleno/a
☐☐☐☐☐ cremoso/a

7 **Pedir en un restaurante**

El camarero dice:

☐☐☐☐☐ ¿Qué quieren para beber/comer?
☐☐☐☐☐ En seguida traigo …
☐☐☐☐☐ ¿Todo bien?
☐☐☐☐☐ ¿Necesitan algo más?

Tú dices:

☐☐☐☐☐ Yo pido …
☐☐☐☐☐ Quiero …
☐☐☐☐☐ Un/a …, por favor.
☐☐☐☐☐ Para mí …
☐☐☐☐☐ ¿Qué llevan los platos?
☐☐☐☐☐ De primero
☐☐☐☐☐ De segundo/plato fuerte
☐☐☐☐☐ De postre
☐☐☐☐☐ ¿Nos trae … , por favor?
9 ☐☐☐☐☐ el cilantro
☐☐☐☐☐ echar
☐☐☐☐☐ maduro/a
☐☐☐☐☐ mediano/a

übertreiben	
überhaupt nicht	
die Portion	¿Nos trae otra **ración** de guacamole?
auf einmal, am Stück	
voll	≠ vacío; estoy lleno (ugs.)
cremig	
Was möchten Sie trinken/essen?	
Gleich bringe ich …	
Ist alles in Ordnung?	
Brauchen Sie noch etwas?	
Ich bestelle …	
Ich möchte …	
Bitte ein/e …	
Für mich …	
Was ist in dem Essen?	
Als Vorspeise	
Als Hauptgericht	
Als Nachtisch	
Bringen Sie uns bitte noch … ?	
der Koriander	
hinzufügen, dazugeben, hineintun	
reif, erwachsen	
halb	

☐☐☐☐☐ la lima
☐☐☐☐☐ fresco/a
10 ☐☐☐☐☐ el horno
☐☐☐☐☐ la bola
☐☐☐☐☐ el niño, la niña
☐☐☐☐☐ salado/a
☐☐☐☐☐ amargo/a
☐☐☐☐☐ ácido/a
11 ☐☐☐☐☐ pagar
12 ☐☐☐☐☐ Hace muchos años que
☐☐☐☐☐ imaginarse algo
☐☐☐☐☐ extraño/a
☐☐☐☐☐ saber a
☐☐☐☐☐ abajo

3 Vamos al concierto

A Con talento hasta la final

☐☐☐☐☐ el tipo de música
☐☐☐☐☐ el/la cantante
☐☐☐☐☐ el/la latinoamericano/a
☐☐☐☐☐ el programa
☐☐☐☐☐ participar
☐☐☐☐☐ el vídeo de solicitud
☐☐☐☐☐ la voz

die Limette	
frisch	refresco
der Ofen	
die Kugel	**Una bola** de chocolate, por favor.
das Kind	el niño + la niña = los niños
salzig	
bitter	
sauer	
bezahlen	
Seit vielen Jahren	
sich etwas vorstellen	imagine
außergewöhnlich, ungewohnt, komisch	
schmecken nach	
unten	≠ arriba

die Musikrichtung	
der/die Sänger/in	
der/die Lateinamerikaner/in; lateinamerikanisch	
das Programm, die Sendung	
teilnehmen	
das Bewerbungsvideo	solicitar
die Stimme	voice

- ☐☐☐☐☐ el show
- ☐☐☐☐☐ el casting
- ☐☐☐☐☐ el futuro
- ☐☐☐☐☐ negar (e → ie)
- ☐☐☐☐☐ el concurso
- ☐☐☐☐☐ solicitar algo
- ☐☐☐☐☐ la participación
- ☐☐☐☐☐ la audición
- ☐☐☐☐☐ el tiempo libre

1 ☐☐☐☐☐ el/la artista
2 ☐☐☐☐☐ el/la jurado
- ☐☐☐☐☐ el/la candidato/a
- ☐☐☐☐☐ en total
- ☐☐☐☐☐ la fase
- ☐☐☐☐☐ el talento

- ☐☐☐☐☐ la final
- ☐☐☐☐☐ el premio
- ☐☐☐☐☐ recibir
- ☐☐☐☐☐ el/la ganador/a
- ☐☐☐☐☐ consultar
- ☐☐☐☐☐ televisivo/a

T ☐☐☐☐☐ la oportunidad
- ☐☐☐☐☐ saber
- ☐☐☐☐☐ ningún, ninguno/a
- ☐☐☐☐☐ el examen (Pl: exámenes)

die Show	
das Casting	
das Futur, die Zukunft	
verneinen	
der Contest, der Wettbewerb	
sich um etwas bewerben	solicitud
die Teilnahme	participar
die Tonaufnahme	
die Freizeit	En mi **tiempo libre** hago mucho deporte.
der/die Künstler/in	artist
der/die Juror/in	
der/die Kandidat/in	
insgesamt	
die Phase, der Abschnitt	
das Talent (Person und Fähigkeit)	talent
das Finale	final
der Preis	
erhalten, bekommen	
der/die Gewinner/in	ganar
zu Rate ziehen	
Fernseh-…	la televisión
die Chance, die Gelegenheit	opportunity
können	
kein/e/r	
die Prüfung	

ganarse
la beca
necesitar hacer algo
informarse

inscribirse
el punto
en público
3 a favor
en contra
4 la duda

en absoluto
Por un lado … por otro lado …

a mi modo de ver
6 perder (e → ie)
cambiar
en el centro
en el fondo
la serie de televisión
el/la argentino/a

el/la protagonista

el amor
la inteligencia
regresar
el origen

etwas gewinnen	
das Stipendium	
etwas tun müssen	
sich informieren	Para preparar una presentación **te informas** en internet.
sich einschreiben	= apuntar el nombre en una lista
der Punkt	
öffentlich, vor Publikum	
dafür	
dagegen	
der Zweifel	Si no estás seguro, tienes **dudas**. doubt
absolut	
Auf der einen Seite … auf der anderen Seite …	
aus meiner Sicht	
verlieren	
sich ändern	
in der Mitte	
im Hintergrund	
die Fernsehserie	
der/die Argentinier/in; argentinisch	
der/die Hauptperson, Hauptdarsteller/in	
die Liebe	
die Intelligenz	
zurückkehren	
die Herkunft, der Ursprung	origin

- la academia
- hacerle un mal juego a alguien
- besar
- el éxito
- la temporada
- 7 el piano
- la batería
- el saxofón
- la trompeta
- el violín
- el clarinete
- la guitarra
- tratar de algo
- la estrofa
- el estilo de música
- el ritmo
- la melodía
- personal
- 8 la popularidad
- mezclado/a
- la influencia
- definir
- 10 fácil
- la pronunciación

die Akademie, die Schule	
jemandem übel mitspielen	
küssen	el beso
der Erfolg	A todo el mundo le gusta la nueva canción de Melendi. Tiene mucho **éxito**.
die Staffel	
das Klavier	
das Schlagzeug	
das Saxophon	
die Trompete	
die Geige	
die Klarinette	
die Gitarre	
von etwas handeln	La canción **trata del** amor.
die Strophe	
die Musikrichtung	
der Rhythmus	
die Melodie	
persönlich	la persona
die Beliebtheit	popular
gemischt	
der Einfluss	influence
einordnen, bestimmen	
einfach, leicht	≠ difícil
die Aussprache	pronounciation

- la sorpresa
- el carácter
- fundar
- el/la romano/a
- el canal
- dejar
- constructivo/a

B ¡Nos vamos de concierto!

1
- el evento
- tener lugar

T
- ¡Hombre!
- hace rato
- Adivina adivinanza
- en vivo
- el billete
- resultar
- perdérselo todo
- el asiento
- la zona general

- pararse
- el escenario
- la mano
- presumir de algo
- sacar fotos

die Überraschung	surprise	
der Charakter		
gründen		
der/die Römer/in; römisch		
der Kanal		
(hinter)lassen		
konstruktiv		

das Ereignis, die Veranstaltung	event	
stattfinden		
Mensch!		
erst neulich, vor kurzem		
Dreimal darfst du raten.		
live		
das Ticket	= la entrada	
gelingen, *hier:* sich herausstellen	result	el resultado
alles verpassen		
der Sitzplatz		sentarse (e → ie)
die allgemeine Zone, *hier:* der Bereich im Stadion ohne Sitzplätze		
sich hinstellen, stehen bleiben		
die Bühne		
die Hand		
mit etwas angeben		
Fotos machen		

- gritar como loco/a
- 2 el plan
- actuar
- arriba
- comprender
- menor de edad
- 8 ¡Qué presumido!
- el comienzo
- incluso
- moverse (o → ue)
- el efecto especial
- el periódico escolar
- aplaudir
- el/la aficionado/a
- el auditorio

4 Practicamos deporte

A ¡Con cuidado!

- practicar deporte
- estar en forma
- competir
- divertirse
- practicar/hacer atletismo
- el deporte de canoa

schreien wie verrückt	
der Plan	el plan – der Plan ≠ el mapa – der Stadtplan
handeln, spielen	
oben	≠ abajo
verstehen	
minderjährig	
Du Angeber!	presumir
der Beginn	comenzar
sogar	inclusive
sich bewegen	move
der Spezialeffekt	
die Schülerzeitung	
klatschen, applaudieren	
der Fan (männlich und weiblich)	
die Zuhörer, das Publikum	

Sport treiben	
in Form sein, Kondition haben	
konkurrieren, zu Wettkämpfen antreten	
Spaß haben	divertido/a
Leichtathletik machen	
das Kanu fahren	

- ☐☐☐☐☐ el ciclismo
- ☐☐☐☐☐ la natación
- ☐☐☐☐☐ la equitación
- ☐☐☐☐☐ los juegos de pelota
- ☐☐☐☐☐ la gimnasia
- ☐☐☐☐☐ el esquí alpino
- ☐☐☐☐☐ el parkour
- ☐☐☐☐☐ el slackline, el slacklining
- ☐☐☐☐☐ el tenis
- ☐☐☐☐☐ entrenar para una carrera
- ☐☐☐☐☐ la actividad extracurricular

- ☐☐☐☐☐ el accidente
- ☐☐☐☐☐ ¡Qué susto!
- ☐☐☐☐☐ la preferencia
- ☐☐☐☐☐ el/la deportista
- ☐☐☐☐☐ las partes del cuerpo
- ☐☐☐☐☐ la consecuencia
- T ☐☐☐☐☐ el hombre
- ☐☐☐☐☐ aprender
- ☐☐☐☐☐ ¡Tía idiota!
- ☐☐☐☐☐ callarse
- ☐☐☐☐☐ Es broma.
- ☐☐☐☐☐ espectacular
- ☐☐☐☐☐ estos chavales, estas chavalas
- ☐☐☐☐☐ saltar

das Rad(renn)fahren	
das Schwimmen	
das Reiten	
die Ballsportarten	
das Turnen	
der alpine Skilauf	
der Parkour, urbane Sportart	
die Slackline, das Slacklinen	
Tennis	
professionell trainieren	
die außerunterrichtliche Aktivität, der Wahlkurs	
der Unfall	
Was für ein Schreck!	
die Vorliebe	
der/die Sportler/in	deporte
die Körperteile	
die Folge	
der Mann, der Mensch	≠ la mujer
(er)lernen	No es fácil **aprender** el parkour.
Blöde Ziege!	
still sein, den Mund halten	
War doch nur ein Witz.	
spektakulär	
diese Jungs, diese Mädels	
springen	el salto

- ☐☐☐☐☐ increíble
- ☐☐☐☐☐ romperse algo
- ☐☐☐☐☐ el hueso
- ☐☐☐☐☐ ¡Ni hablar!
- ☐☐☐☐☐ peligroso/a
- ☐☐☐☐☐ patear
- ☐☐☐☐☐ la pelota
- ☐☐☐☐☐ o sea …
- ☐☐☐☐☐ correr
- ☐☐☐☐☐ se ve …
- ☐☐☐☐☐ ¡Venga!
- ☐☐☐☐☐ bárbaro/a
- ☐☐☐☐☐ el fanfarrón
- ☐☐☐☐☐ la colchoneta
- ☐☐☐☐☐ caerse
- ☐☐☐☐☐ lastimarse
- ☐☐☐☐☐ al mismo tiempo
- ☐☐☐☐☐ tropezar con (e → ie)
- ☐☐☐☐☐ ¡Dios mío!
- ☐☐☐☐☐ oír
- ☐☐☐☐☐ el ojo
- ☐☐☐☐☐ preocupado/a por

2

unglaublich	= no lo puedo creer incredible
sich etwas brechen	
der Knochen	
Auf keinen Fall!	
gefährlich	
treten, einen Ball schießen	
der Ball	
das heißt …, damit meine ich …	
rennen, laufen	Speedy Gonzales **corre** rápidamente.
es sieht … aus	
Kommen Sie, umgangssprachlich: Los! Mach(t) schon!	
grausam, auch: toll, cool	
der Angeber	
die Matte	
hinfallen, herunterfallen	
sich verletzen	
gleichzeitig	María lee un libro y Sofia practica deporte. Dos acciones pasan **al mismo tiempo**.
stolpern über	
Oh Gott!	
hören	
das Auge	
besorgt um / wegen	la preocupación, preocuparse La madre está **preocupada** por Pablo.

> Die Spanier benutzen **oír** (hear), um zu sagen, dass sie etwas akustisch gehört haben. Mit **escuchar** (listen) drücken sie aus, dass sie z. B. bei Musik genau zuhören.

☐☐☐☐☐ explicar
☐☐☐☐☐ observar
☐☐☐☐☐ la cara
☐☐☐☐☐ la reacción
☐☐☐☐☐ entusiasmado/a
☐☐☐☐☐ deprimido/a
☐☐☐☐☐ enfadado/a
☐☐☐☐☐ asustado/a
3 ☐☐☐☐☐ lanzar/tirar
☐☐☐☐☐ superar algo
☐☐☐☐☐ el obstáculo
☐☐☐☐☐ patinar
☐☐☐☐☐ escalar
9 ☐☐☐☐☐ morir (o → ue)
☐☐☐☐☐ nacer
☐☐☐☐☐ rico/a
☐☐☐☐☐ de adulto
☐☐☐☐☐ casarse
☐☐☐☐☐ el rey, la reina
☐☐☐☐☐ enamorarse de
☐☐☐☐☐ la relación
☐☐☐☐☐ familiar
☐☐☐☐☐ el kinder
☐☐☐☐☐ morirse
☐☐☐☐☐ tener un/a hijo/a
☐☐☐☐☐ terminar la relación

erklären

beobachten

das Gesicht

die Reaktion — reaction

begeistert

deprimiert

verärgert

erschrocken

werfen

etwas überwinden

das Hindernis

Schlittschuh fahren

klettern

sterben

geboren werden

reich

als Erwachsener

heiraten

der König, die Königin

sich verlieben in

die Beziehung

familiär, bekannt, Familien-…

der Kindergarten

sterben

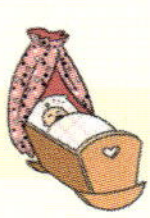

ein Kind bekommen

die Beziehung beenden

☐☐☐☐☐ la educación
☐☐☐☐☐ la profesión
☐☐☐☐☐ el interés
☐☐☐☐☐ el logro
10 ☐☐☐☐☐ lograr
☐☐☐☐☐ hacerse
11 ☐☐☐☐☐ la biografía
13 ☐☐☐☐☐ el árbol
☐☐☐☐☐ el hospital
☐☐☐☐☐ se nos cortó el rollo

☐☐☐☐☐ ¡Socorro!
☐☐☐☐☐ al principio
☐☐☐☐☐ el balé
☐☐☐☐☐ repipi
☐☐☐☐☐ el desastre
☐☐☐☐☐ de todos modos
☐☐☐☐☐ quédate con …
☐☐☐☐☐ la autopista
☐☐☐☐☐ irse
☐☐☐☐☐ la ruta
☐☐☐☐☐ cruzar
☐☐☐☐☐ de repente
☐☐☐☐☐ soltarse (o → ue)
☐☐☐☐☐ chocar con

die Bildung, die Erziehung	education
der Beruf	
das Interesse, das Hobby	
die Errungenschaft	
etwas erreichen	el logro
etwas werden	Álvaro quiere **hacerse** ingeniero.
die Biographie	biography
der Baum	el árbol de Navidad
das Krankenhaus	hospital
das hat unsere Stimmung heruntergezogen	
Hilfe!	
zu Beginn	
das Balett	
etepetete, eingebildet	
Desaster, Katastrophe	
in jedem Fall	
bleibe bei …	
die Autobahn	
(weg)gehen	
die Straße, die Strecke, der Weg	
überqueren	
plötzlich	
sich losreißen	
zusammenstoßen mit	

B ¡No es para tanto!

☐☐☐☐☐ no es para tanto
☐☐☐☐☐ el cotilleo
☐☐☐☐☐ sangrar
☐☐☐☐☐ la ambulancia
☐☐☐☐☐ el/la médico/a

☐☐☐☐☐ reaccionar
☐☐☐☐☐ ¡Vaya susto!
☐☐☐☐☐ la culpa
☐☐☐☐☐ prestar atención
☐☐☐☐☐ imitar
☐☐☐☐☐ el/la profesional
☐☐☐☐☐ tonto/a
☐☐☐☐☐ tranqui
☐☐☐☐☐ grave
3 ☐☐☐☐☐ el dedo
☐☐☐☐☐ la boca
☐☐☐☐☐ la espalda
☐☐☐☐☐ la pierna
☐☐☐☐☐ el estómago
☐☐☐☐☐ la nariz
☐☐☐☐☐ la cabeza
☐☐☐☐☐ la rodilla
☐☐☐☐☐ el brazo
☐☐☐☐☐ el tobillo
☐☐☐☐☐ el vendaje

Halb so schlimm	
der Tratsch	
bluten	
der Rettungswagen	
der Arzt, die Ärztin	**El médico** trabaja en el hospital y ayuda a personas con dolores.
reagieren	react
Was für ein Schreck!	
die Schuld	
aufpassen	
nachahmen	
Profi (männlich/weiblich)	
dumm	= idiota ≠ inteligente
ruhig (ugs.)	tranquilizar
schlimm, ernst	= malo
der Finger	
der Mund	el bocadillo
der Rücken	
das Bein	
der Bauch, der Magen	stomach
die Nase	
der Kopf	
das Knie	
der Arm	el abrazo
der Knöchel	
die Bandage	

☐☐☐☐☐ la herida
☐☐☐☐☐ el brazo quebrado
☐☐☐☐☐ estar mareado/a
☐☐☐☐☐ el dolor

☐☐☐☐☐ doler (o → ue)
☐☐☐☐☐ mostrar (o → ue)
4 ☐☐☐☐☐ sentirse (e → ie)
☐☐☐☐☐ tratar de hacer algo
☐☐☐☐☐ el/la enfermero/a

☐☐☐☐☐ la pastilla
☐☐☐☐☐ parecer
☐☐☐☐☐ la momia
☐☐☐☐☐ extremadamente
☐☐☐☐☐ el/la doctor/a
☐☐☐☐☐ pálido/a
☐☐☐☐☐ la conmoción cerebral
☐☐☐☐☐ el/la colega
☐☐☐☐☐ el/la culpable
6 ☐☐☐☐☐ la mala suerte
7 ☐☐☐☐☐ la historia
8 **estar enfermo**
☐☐☐☐☐ enfermo/a
☐☐☐☐☐ la gripe
☐☐☐☐☐ la receta casera
☐☐☐☐☐ el síntoma

die Wunde, Verletzung	
der gebrochene Arm	
schwindelig sein	
der Schmerz	Hoy tengo **dolores** de la cabeza. doler
schmerzen, weh tun	
zeigen, auf etwas deuten	
sich fühlen	
versuchen, etwas zu tun	
der Krankenpfleger, die Krankenschwester	
die Pille, Tablette	la pastilla = die Tablette, la tableta = das Computer-Tablet oder die Schokoladentafel
aussehen wie	
die Mumie	
extrem	
der/die Doktor/in	
bleich, blass	
die Gehirnerschütterung	
der Kollege, die Kollegin	
der/die Schuldige; schuldig	la culpa
das Pech	
die Geschichte	story / history
krank	
die Grippe	
das Hausmittel	
das Symptom, das Krankheitsanzeichen	

☐☐☐☐☐ la enfermedad
☐☐☐☐☐ la fiebre
☐☐☐☐☐ el resfriado
☐☐☐☐☐ el remedio
☐☐☐☐☐ la infusión
☐☐☐☐☐ la aspirina
☐☐☐☐☐ el jarabe
☐☐☐☐☐ caliente
10 ☐☐☐☐☐ la consulta
12 ☐☐☐☐☐ consolar (o → ue)

5 ¡Descubrimos Argentina!

☐☐☐☐☐ descubrir
☐☐☐☐☐ estar situado/a en … /al …
☐☐☐☐☐ limitar con
☐☐☐☐☐ el paisaje
☐☐☐☐☐ la montaña
☐☐☐☐☐ el desierto
☐☐☐☐☐ la jungla
☐☐☐☐☐ la cascada
☐☐☐☐☐ la estepa
☐☐☐☐☐ el glaciar
☐☐☐☐☐ el lago
☐☐☐☐☐ la pampa

die Krankheit	
das Fieber	
die Erkältung	
das Heilmittel	
der Tee, der Aufguss	
die Aspirin-Tablette	
der Saft (Medizin), der Sirup	
heiß	
die Sprechstunde	consultar
trösten	

entdecken	discover
sich befinden (im Verhältnis zu)	Argentina **está situada** en Latinoamérica.
angrenzen an	¿Qué países **limitan con** Argentina?
Landschaft	
der Berg, das Gebirge	mountain
die Wüste	desert
der Dschungel	jungle
der Wasserfall	
die Steppe	
der Gletscher	glacier
der See	lake
die Pampa (argentinisches Grasland)	

los puntos cardinales

- ☐☐☐☐☐ el norte
- ☐☐☐☐☐ el noreste
- ☐☐☐☐☐ el este
- ☐☐☐☐☐ el sureste
- ☐☐☐☐☐ el sur
- ☐☐☐☐☐ el suroeste
- ☐☐☐☐☐ el oeste
- ☐☐☐☐☐ el noroeste
- ☐☐☐☐☐ la Quinceañera
- ☐☐☐☐☐ el camino
- ☐☐☐☐☐ las prendas de ropa
- ☐☐☐☐☐ el elefante
- ☐☐☐☐☐ el león
- ☐☐☐☐☐ la llama
- ☐☐☐☐☐ el papagayo
- ☐☐☐☐☐ la cebra
- ☐☐☐☐☐ la tortuga
- ☐☐☐☐☐ el cóndor
- ☐☐☐☐☐ el puma
- ☐☐☐☐☐ el pingüino
- ☐☐☐☐☐ el tucán
- ☐☐☐☐☐ el tapir
- ☐☐☐☐☐ el rinoceronte
- ☐☐☐☐☐ la ballena
- ☐☐☐☐☐ el camello

der Norden

der Nordosten

der Osten

der Südosten

der Süden

der Südwesten

der Westen

der Nordwesten

der 15. Geburtstag; ein 15jähriges Mädchen = una chica que cumple 15 años

der Weg

die Kleidungsstücke

der Elefant

der Löwe

das Lama

der Papagei

das Zebra

die Schildkröte

der Kondor

der Puma

der Pinguin

der Tukan

der Tapir

das Nashorn

der Wal

das Kamel

A Un viaje a las Cataratas del Iguazú

T
- masticar
- acabar de hacer algo
- la agencia de viajes
- el destino
- el recorrido
- la sierra
- seguir
- el/la europeo/a
- esquiar
- el viñedo
- la prueba de vino
- quedarse borracho/a
- tener razón
- la serpentina
- darle mareos a algn
- me encantaría
- aguantar algo
- cruzar
- el safari
- las plantas exóticas

1
- opinar

3
- curioso/a

4
- la provincia

kauen	Cuando comes, **masticas** la comida en tu boca.
gerade etwas getan haben	
das Reisebüro	viajar, el viaje
das Ziel	destination
die Tour	
das Gebirge	
weitergehen, weitermachen	
der/die Europäer/in; europäisch	
Ski fahren	= practicar esquí
der Weinberg	
die Weinprobe	
betrunken werden	
Recht haben	
die Serpentine, scharfe Kurve	
jemandem wird von etwas übel	
es würde mir gefallen	
etwas ertragen, aushalten können; durchhalten	¡Sabes que no **aguanto** nada las serpentinas. Me dan mareos!
überqueren	cross
die Safari	
die exotischen Pflanzen	
etwas meinen, seine Meinung äußern	
neugierig	curious
Provinz (Verwaltungsbezirk in Argentinien)	

□□□□□ la ropa ligera / gruesa

□□□□□ las gafas del sol

□□□□□ el gorro

□□□□□ las chanclas

□□□□□ la toalla

□□□□□ la crema solar

6 □□□□□ el/la empleado/a

7 □□□□□ el aeropuerto

□□□□□ rentar un coche

□□□□□ reservar

□□□□□ la agencia de alquiler de coches

□□□□□ todo recto

□□□□□ girar

□□□□□ pasar

□□□□□ el punto de salida

□□□□□ secreto/a

8 □□□□□ el dinero

□□□□□ Mercosur (Mercado Común del Sur)

die leichte / dicke Kleidung	
die Sonnenbrille	Brille ist im Spanischen immer im Plural.
die Mütze	el gorro = die Mütze la gorra = die Kappe
die Flip-Flops, Gummisandalen	
das Handtuch	towel
die Sonnencreme	el sol
der/die Angestellte/r; angestellt	employee
der Flughafen	airport
ein Auto mieten	to rent
reservieren, vormerken	
die Autovermietung	
geradeaus	
abbiegen	↰
vorbeigehen an	
Ausgangspunkt	
geheim	secret
das Geld	
gemeinsamer Markt Südamerikas (wirtschaftlicher Zusammenschluss mehrerer Staaten)	

B Costumbres argentinas

T
- elegir
- ¡Qué alegría!
- pasarlo bomba
- en cambio
- durar
- conectarse con algn por internet
- acabarse
- el sueño
- los zapatos
- el peinado
- emocionarle a algn
- la princesa
- el sitio
- al aire libre
- el club
- convencer a algn
- ocuparse de
- quizás
- acompañar a algn
- parar – *aquí:* paren

1
- mientras tanto
- mientras que
- los tacones (altos)

auswählen, aussuchen	
Ich freue mich!	
eine tolle Zeit haben, sich amüsieren	La fiesta de mi prima es genial. **Lo pasamos bomba.**
hingegen, im Gegensatz dazu	
dauern	
über das Internet mit jemandem in Kontakt treten/bleiben	connect
enden, zur Neige gehen	
der Traum	
die Schuhe	
die Frisur	
jemanden in Aufregung versetzen	la emoción
die Prinzessin	
der Ort	= el lugar
draußen	≠ en casa/en un edificio
der Club, die Disco	
jmdn überzeugen	convince
sich um etwas kümmern	Yo **me voy a ocupar de** la música para la fiesta.
vielleicht	= tal vez
jmdn begleiten	
aufhören; *hier: arg.* Hört auf!	
inzwischen, derweil	Mi papá está cocinando, **mientras tanto**, mi mamá pone la mesa.
während	**Mientras que** está cocinando, mi papá canta en voz alta.
die (hohen) Absätze	

☐☐☐☐☐ decidir
4 ☐☐☐☐☐ el ruido
☐☐☐☐☐ nervioso/a
☐☐☐☐☐ el vals
☐☐☐☐☐ aburrirse
☐☐☐☐☐ cheta

☐☐☐☐☐ la apariencia
5 ☐☐☐☐☐ enviar
☐☐☐☐☐ servir
☐☐☐☐☐ posarse
☐☐☐☐☐ anoche
☐☐☐☐☐ turquesa
☐☐☐☐☐ el Selfie
☐☐☐☐☐ la torta

☐☐☐☐☐ gigante
6 ☐☐☐☐☐ el señor, la señora
☐☐☐☐☐ el mate

☐☐☐☐☐ tradicional
☐☐☐☐☐ soler (o → ue) hacer algo

☐☐☐☐☐ el té
☐☐☐☐☐ los alfajores rellenos con dulce de leche

☐☐☐☐☐ el caramel
☐☐☐☐☐ el asado

entscheiden	
der Lärm	
nervös	
der Walzer	
sich langweilen	aburrido/a
arg.: schickimicki, etepetete, hochnäsig	
das Aussehen	
senden, schicken	= mandar
servieren	
posieren (für ein Foto)	
gestern Abend	
türkis	
das Selfie	
arg.: Torte	*cast:* tarta Vorsicht: *cast.* torta = Ohrfeige!
gigantisch, riesig groß	
der Herr, die Dame	
Mate (Pflanze oder Tee)	**El mate** es la bebida tradicional en Argentina.
traditionell	
etwas normalerweise tun, zu tun pflegen	
der Tee	
argentinisches gefülltes Keksgebäck	
das Karamell	
das Grillfleisch, *auch:* das Grillfest	

☐☐☐☐☐ la carne al grill
☐☐☐☐☐ la vaca
☐☐☐☐☐ el hueso
☐☐☐☐☐ la parrilla
☐☐☐☐☐ la costilla
☐☐☐☐☐ reconocer
☐☐☐☐☐ el ídolo
☐☐☐☐☐ la Selección Nacional
☐☐☐☐☐ el puerto
☐☐☐☐☐ el/la inmigrante
☐☐☐☐☐ construir
☐☐☐☐☐ pintar
☐☐☐☐☐ el tango
☐☐☐☐☐ el/la político/a
☐☐☐☐☐ según
☐☐☐☐☐ por todas partes
☐☐☐☐☐ Roma
8 ☐☐☐☐☐ quebrado/a
☐☐☐☐☐ ¡Qué confusión!
☐☐☐☐☐ la diferencia
☐☐☐☐☐ pisar
9 ☐☐☐☐☐ ser común y corriente
☐☐☐☐☐ la tradición

das gegrillte Fleisch	
die Kuh	
der Knochen	
der Grillrost	Se pone la carne con el hueso a **la parrilla**.
die Rippe	
wiedererkennen	recognize
das Idol, das Vorbild, der Star	
die Auswahl, *hier:* die Nationalmannschaft	
der Hafen	
der Einwanderer (männlich und weiblich)	
bauen, errichten	
anmalen	paint
der Tango	
der/die Politiker/in; politisch	
laut, nach, ... zufolge	
überall	
Rom	
gebrochen, kaputt	
Wie verwirrend!	confusion
der Unterschied	difference
jemanden treten, etwas betreten	
gebräuchlich, gewöhnlich, üblich sein	
die Tradition	tradicional

6 Vamos a la Feria

- la Feria de Abril/Sevilla
- el traje
- el traje de gitana con volantes
- la portada
- la Sevillana
- la caseta
- el desfile (de caballos)
- la Calle del Infierno

A ¡Un día perfecto!

- la prueba
- el alumbrado, *andalus.:* el alumbrao
- encender (e → ie)
- la luz, Pl: luces
- el recinto
- los fuegos artificiales
- el/la feriante
- popular
- la cena

großes Volksfest, Kirmes in Sevilla	
die Tracht	
typisches schwingendes Flamencokleid im Zigeunerstil	
das Portal	la puerta
typischer Tanz aus Sevilla	
die Bude, kleineres Festzelt	la casa
der Umzug, die Parade (Pferdeparade)	
Freizeitbereich mit Fahrgeschäften auf der Feria de Sevilla (el infierno = Hölle)	

die Probe, der Test	
die Beleuchtung	= muchas luces
anzünden, anschalten	
das Licht	
der Bereich, das Gelände	
das Feuerwerk	
der/die Schausteller/in	la Feria = las personas que trabajan en la Feria
beliebt, berühmt	
das Abendessen	cenar 8:00: el desayuno – 13:00: el almuerzo – 20:00: la cena

- ☐☐☐☐☐ el pescaíto
- ☐☐☐☐☐ el/la socio/a
- ☐☐☐☐☐ compuesto/a por
- ☐☐☐☐☐ principalmente
- ☐☐☐☐☐ la fritura de pescado
- ☐☐☐☐☐ sobre las 00.00
- ☐☐☐☐☐ de manera + Adjektiv
- ☐☐☐☐☐ el/la alcalde/sa
- ☐☐☐☐☐ activar
- ☐☐☐☐☐ el dispositivo
- ☐☐☐☐☐ la bombilla
- ☐☐☐☐☐ pondrán punto final a …
- ☐☐☐☐☐ media noche
- ☐☐☐☐☐ apagar
- ☐☐☐☐☐ el conjunto de …
- ☐☐☐☐☐ componer algo
- ☐☐☐☐☐ los cacharritos
- ☐☐☐☐☐ el látigo
- ☐☐☐☐☐ la noria
- ☐☐☐☐☐ la montaña rusa
- ☐☐☐☐☐ los coches locos
- ☐☐☐☐☐ innovador/a
- T ☐☐☐☐☐ el coche de caballo

☐☐☐☐☐ activar
☐☐☐☐☐ el dispositivo
☐☐☐☐☐ la bombilla
☐☐☐☐☐ pondrán punto final a …
☐☐☐☐☐ media noche

☐☐☐☐☐ apagar
☐☐☐☐☐ el conjunto de …
☐☐☐☐☐ componer algo

☐☐☐☐☐ los cacharritos
☐☐☐☐☐ el látigo

☐☐☐☐☐ la noria
☐☐☐☐☐ la montaña rusa
☐☐☐☐☐ los coches locos
☐☐☐☐☐ innovador/a
T ☐☐☐☐☐ el coche de caballo

typisches Essen zur Eröffnung der Feria (Fischgericht)	
das Mitglied, der/die Gesellschafter/in	la sociedad associate
bestehend aus	componer
vor allem	= sobre todo
der frittierte Fisch	= pescaíto frito
gegen 00.00 Uhr	
auf … Weise	
der/die Bürgermeister/in	**El alcalde** es el político más importante en una ciudad.
einschalten	
das Gerät, die Anlage	
die Glühbirne, die Glühlampe	
werden … ein Ende setzen	= terminar
Mitternacht	24:00 medianoche – 12:00 mediodía
ausschalten, löschen	≠ encender
die Gesamtheit aller …	= todos
etwas bilden, zusammen etwas darstellen	compose
die Fahrgeschäfte	
(eigtl: Peitsche) *hier:* Name eines Fahrgeschäfts auf der Feria	
das Riesenrad	
die Achterbahn	
der Autoscooter	
innovativ	nuevo/a
die Pferdekutsche	

☐☐☐☐☐ arreglar
☐☐☐☐☐ vestirse
☐☐☐☐☐ la figura

☐☐☐☐☐ la madera
☐☐☐☐☐ la tela
☐☐☐☐☐ pasear
☐☐☐☐☐ enorme
☐☐☐☐☐ el folleto

☐☐☐☐☐ el/la andaluz/a, Pl: andaluces
4 ☐☐☐☐☐ a mediodía
6 ☐☐☐☐☐ el atún
☐☐☐☐☐ la almeja
☐☐☐☐☐ la aceituna
☐☐☐☐☐ el vaso
☐☐☐☐☐ perezoso/a
☐☐☐☐☐ estar harto/a de hacer algo

9 ☐☐☐☐☐ los Reyes de España
☐☐☐☐☐ la boda
☐☐☐☐☐ el centro histórico
☐☐☐☐☐ la corrida de toros
☐☐☐☐☐ anteayer
☐☐☐☐☐ depende de

herrichten, herausputzen	
sich kleiden, anziehen	
die Figur, die Abbildung, *hier:* der Aufdruck	
das Holz	
der Stoff	
herumlaufen, spazieren	
sehr groß, riesig	enormous
der Informationsflyer, die Broschüre	
der/die Andalusier/in; andalusisch	
mittags	
der Thunfisch	
die Muschel	
die Olive	el aceite
das Glas	
faul	≠ trabajador
etwas satt haben, nicht mehr mögen, die Nase voll haben von etwas	
das spanische Königspaar	
die Hochzeit	
die Altstadt	
die Stierhatz / der Stierkampf	
vorgestern	anteayer – ayer – hoy – mañana
es kommt darauf an, ob … / es kommt auf … an	

B En la Feria de Sevilla

☐☐☐☐☐ el punto de encuentro
☐☐☐☐☐ justo/a
☐☐☐☐☐ el alcohol
☐☐☐☐☐ Basta de protestas.
☐☐☐☐☐ la esquina
☐☐☐☐☐ juntarse con
☐☐☐☐☐ el mal humor
☐☐☐☐☐ robar
☐☐☐☐☐ la calma
☐☐☐☐☐ el refresco
☐☐☐☐☐ despistado/a
☐☐☐☐☐ cerrar
☐☐☐☐☐ ¡Qué rabia!
☐☐☐☐☐ detenido/a
☐☐☐☐☐ el bolsillo
☐☐☐☐☐ ¡Qué palo!
☐☐☐☐☐ alejarse de
2 ☐☐☐☐☐ único/a
☐☐☐☐☐ la descripción
3 ☐☐☐☐☐ desarreglado/a
5 ☐☐☐☐☐ el consejo básico
☐☐☐☐☐ la extensión
☐☐☐☐☐ perderse
6 ☐☐☐☐☐ el/la policía

der Treffpunkt	encontrarse
gerecht	
der Alkohol	
Keine Widerrede.	
die Ecke	
sich jemandem anschließen, sich treffen	= encontrarse
die schlechte Laune	≠el buen humor
klauen, stehlen, wegnehmen	
die Ruhe	= el silencio
die Erfrischung	fresco, refrescante
unaufmerksam, chaotisch	
schließen	
Wie ärgerlich!	
gründlich, genau	
die Hosen-/Jackentasche	el bolso
Wie schrecklich!	= horrible
sich entfernen von	
einzig(artig)	unique
die Beschreibung	describir description
unordentlich, unaufgeräumt, durcheinander	≠ordenado
grundsätzlicher Rat	
die Größe, der Umfang	
sich verlaufen	Necesito un mapa para no **perderme** en Sevilla.
der/die Polizist/in	

7 ☐☐☐☐☐ las ruedas
☐☐☐☐☐ el lunar
☐☐☐☐☐ vender
☐☐☐☐☐ el enganche
10 ☐☐☐☐☐ igual

7 Terminamos el año escolar

☐☐☐☐☐ la asignatura
☐☐☐☐☐ el experimento
☐☐☐☐☐ aprender algo de memoria
☐☐☐☐☐ calcular
☐☐☐☐☐ dar ponencias sobre
☐☐☐☐☐ redactar textos
☐☐☐☐☐ la escuela
☐☐☐☐☐ desaprobar algo
☐☐☐☐☐ presentarse para un examen
☐☐☐☐☐ el horario
☐☐☐☐☐ el sistema escolar

A ¡Ya no falta mucho!

T ☐☐☐☐☐ volver a hacer algo
☐☐☐☐☐ aprobar (un examen)
☐☐☐☐☐ ¡Ojalá!

Räder, Reifen	
das Muttermal	
verkaufen	el vendedor
der Zug, der Umzug	
gleich, egal	

das Schulfach	Alemán, Historia y Naturales son **asignaturas**.
das Experiment	En la clase de biología hacemos **experimentos**.
etwas auswendig lernen	
rechnen	
über etwas Referate halten	
Texte verfassen	
die Schule	
etwas nicht bestehen, durchfallen	≠ aprobar
eine Prüfung ablegen, zu einer Prüfung antreten	
der Stundenplan	
das Schulsystem	

etwas wieder tun	
(eine Prüfung) bestehen	≠ desaprobar
Hoffentlich! Schön wär's!	

☐☐☐☐☐ de todas maneras
☐☐☐☐☐ relajarse

2 ☐☐☐☐☐ el trimestre
☐☐☐☐☐ la primaria
☐☐☐☐☐ la secundaria
☐☐☐☐☐ separado/a
☐☐☐☐☐ el tipo
☐☐☐☐☐ el bachillerato
T ☐☐☐☐☐ el resultado
☐☐☐☐☐ las pruebas finales
☐☐☐☐☐ dirigirse a algn
☐☐☐☐☐ llorar
☐☐☐☐☐ el suficiente
☐☐☐☐☐ las matemáticas
☐☐☐☐☐ ¡Estupendo!
☐☐☐☐☐ las felicitaciones

☐☐☐☐☐ y eso que
☐☐☐☐☐ esfumarse en una clase
☐☐☐☐☐ esforzarse

☐☐☐☐☐ las ciencias naturales
☐☐☐☐☐ contento/a
☐☐☐☐☐ el empollón, la empollona
☐☐☐☐☐ el sobresaliente
☐☐☐☐☐ el notable
☐☐☐☐☐ la chuleta

auf jeden Fall	
sich entspannen	= descansar relax
das Trimester	= 1/3 año
die Grundschule	primary school
die weiterführende Schule	secondary school
getrennt	separar(se)
der Typ, die Art	
≈ das Abitur	
das Ergebnis	
die Abschlussprüfungen	
sich an jemanden wenden	la dirección
weinen	
ausreichend (Note)	
die Mathematik	
Super!	= Genial!
die Glückwünsche	Hoy es el cumple de mi amigo. **¡Felicitaciones!**
und das, obwohl ...	
eine Stunde schwänzen	
sich anstrengen	= trabajar/aprender mucho, ser trabajador/a
die Naturwissenschaften	
zufrieden	= feliz, alegre
der/die Streber/in	
sehr gut, überragend (Note)	
gut, bemerkenswert (Note)	
der Spickzettel	

- hacer la pelota a algn
- copiar

- el sollozo
- fallar
- la pesadilla
- la lástima
- No te preocupes.
- sin falta
- a causa de
- la laguna
- la tarea
- el fin de curso

3 salir bien
5 sacar una nota
6 adelante
la química
repetir
9 la ocasión
11 sino
12 la poesía
el cuarteto
el oncito

sich einschmeicheln, „schleimen“	
etwas kopieren, abschreiben	copy la fotocopia
der Seufzer, das Schluchzen	
misslingen	≠tener éxito
der Albtraum	
das Mitleid	
Mach dir keine Sorgen.	
auf jeden Fall	
wegen	
die Lücke	
die Aufgabe	
das Kursende, das Schuljahresende	
gute Ergebnisse herausbekommen	
eine Note bekommen	
vorwärts	
die Chemie	
wiederholen	
die Gelegenheit, der Anlass	
sondern	
die Poesie	
das Quartett	
das Elfchen, Gedicht mit elf Wörtern	

B El camino largo a la escuela facultativo

- ☐☐☐☐☐ el uniforme
- ☐☐☐☐☐ ¿Qué bolá?
- ☐☐☐☐☐ la Escuela Secundaria Básica
- ☐☐☐☐☐ funcionar
- ☐☐☐☐☐ séptimo/a
- ☐☐☐☐☐ noveno/a
- ☐☐☐☐☐ el grado
- ☐☐☐☐☐ el/la pionero/a
- ☐☐☐☐☐ el himno nacional
- ☐☐☐☐☐ el turno
- ☐☐☐☐☐ duro/a
- ☐☐☐☐☐ el compay
- ☐☐☐☐☐ la pausa
- ☐☐☐☐☐ el almuerzo
- ☐☐☐☐☐ la merienda
- ☐☐☐☐☐ el estado
- ☐☐☐☐☐ gratuitamente
- ☐☐☐☐☐ el yogur
- ☐☐☐☐☐ el bocadito
- ☐☐☐☐☐ la mortadela
- ☐☐☐☐☐ el perro caliente
- ☐☐☐☐☐ opcional
- ☐☐☐☐☐ la danza
- ☐☐☐☐☐ octavo/a
- ☐☐☐☐☐ la libreta

die Uniform	
kub. Wie geht's?	= ¿Qué tal?
Sekundarschule	
hier: bestehen, geöffnet sein	
siebte/r	
neunte/r	
die (Jahrgangs)Stufe	
der/die Pionier/in; *hier:* die 12-bis 15jährigen Schüler	
die Nationalhymne	
die Einheit, die Schicht	
hart	= difícil
kub. Kumpel	= compañero
die Pause	= el recreo
das Mittagessen	almorzar (o → ue)
der Imbiss am Nachmittag	
der Staat, der Zustand	
gratis, kostenlos	= no hay que pagar para nada
der Joghurt	
Sandwich, belegtes Brot	= bocadillo
die Mortadella (Wurst)	
der Hotdog	
optional, Wahl-...	
der Tanz	= el baile dance
achte/r	
das Notizheftchen	el libro

☐☐☐☐☐ el control
☐☐☐☐☐ la asamblea
☐☐☐☐☐ evaluar
☐☐☐☐☐ excelente
☐☐☐☐☐ cuidar de
☐☐☐☐☐ el dormilón, la dormilona
☐☐☐☐☐ la puntualidad
☐☐☐☐☐ el/la profesor/a guía
☐☐☐☐☐ a propósito
☐☐☐☐☐ el abrazo
1 ☐☐☐☐☐ el acto
☐☐☐☐☐ el/la cubano/a
☐☐☐☐☐ la evaluación
2 ☐☐☐☐☐ el/la periodista
☐☐☐☐☐ el/la revolucionario/a
☐☐☐☐☐ asesinar
3 ☐☐☐☐☐ la suposición
4 ☐☐☐☐☐ preescolar
☐☐☐☐☐ sexto/a
☐☐☐☐☐ séptimo/a
☐☐☐☐☐ preuniversitario/a
☐☐☐☐☐ décimo/a
5 ☐☐☐☐☐ el cubanismo

die Kontrolle, der Test	
die Versammlung	assembly
evaluieren, auswerten	evaluate
sehr gut	
sich kümmern um	
die Schnarchnase, Schlafmütze	
die Pünktlichkeit	llegar puntualmente ≠ llegar tarde
der/die anleitende/r Lehrer/in	guide
A propos, übrigens	
die Umarmung	
die Handlung	
der/die Kubaner/in; kubanisch	
die Auswertung, Bewertung	
der/die Zeitungsjournalist/in	= una persona que escribe artículos para un periódico
der/die Revolutionär/in; revolutionär	
töten, umbringen	= matar
die Annahme	
Vorschule, Vorschul-...	
sechste/r	
siebte/r	
Universitätsvorbereitungs-...	
zehnte/r	
der kubanische Ausdruck	

Diccionario español – alemán

A

a causa de wegen
a continuación im weiteren Verlauf
a la derecha rechts
a la izquierda links
a menudo oft
a mi modo de ver aus meiner Sicht
A qué hora Um wie viel Uhr?
a tiempo pünktlich
a veces manchmal
abajo unten
el abrazo Umarmung
el abril April
abrir öffnen
en absoluto absolut
el / la abuelo/a Großvater/mutter Opa / Oma
los abuelos Großeltern
aburrido/a langweilig, gelangweilt
aburrirse sich langweilen
acabar de hacer algo gerade getan haben
acabarse enden, zur Neige gehen
la academia Akademie, Schule
el accidente Unfall
el aceite de oliva Olivenöl
la aceituna Olive
el acento Akzent
ácido/a sauer
acompañar a algn jmdn begleiten
acordarse sich erinnern
acostarse sich hinlegen
acostumbrarse a sich gewöhnen an
activar einschalten
la actividad Tat, Unternehmung
la actividad extracurricular außerunterrichtliche Aktivität, Wahlkurs
activo/a aktiv
el acto Handlung
el / la actor/actriz Schauspieler/in
actuar handeln, spielen
adelante vorwärts
además außerdem
el aderezo Beilage
Adiós Tschüss!
Adivina adivinanza Dreimal darfst du raten.
Adónde Wohin?
de adulto als Erwachsener
el aeropuerto Flughafen
el / la aficionado/a Fan
la agencia de alquiler de coches Autovermietung
la agencia de viajes Reisebüro
el agosto August
agotador/a anstrengend
el agua Wasser
el agua mineral Mineralwasser
el agua mineral con gas / sin gas Mineralwasser mit / ohne Kohlensäure
el aguacate Avocado
aguantar algo ertragen, aushalten können; durchhalten
ahora jetzt
al aire libre draußen
el ajo Knoblauch
al final de am Ende von
al lado de neben
el álbum de fotos Fotoalbum
el/la alcalde/sa Bürgermeister/in
el alcohol Alkohol
alegre fröhlich
Qué alegría Ich freue mich!
alejarse de sich entfernen von
alemán/alemana deutsch (auch Sprache)
Alemania Deutschland
ser alérgico/a a algo allergisch sein
los alfajores rellenos con dulce de leche argentinisches gefülltes Keksgebäck
algo etwas
algunos/as einige
el alimento Lebensmittel
allí dort, da drüben
la almeja Muschel
almorzar Mittag essen

el almuerzo Mittagessen
alojarse unterkommen, sich einquartieren
alrededor de … um … herum
alto/a groß (Körpergröße), hoch
alucinante beeindruckend, wahnsinnig
el alumbrado Beleuchtung
el / la alumno/a Schüler/in
amable freundlich
amargo/a bitter
amarillo/a gelb
ambos/as beide
la ambulancia Rettungswagen
el / la amigo/a Freund/in
el amor Liebe
ancho/a weit
el/la andaluz/a, Pl: andaluces Andalusier/in, andalusisch
el animal Tier
el año Jahr
anoche gestern Abend
anteayer vorgestern
antes (de) vorher, vor, bevor
antiguo/a alt, antik
apagar ausschalten, löschen
la apariencia Aussehen
el apartamento para las vacaciones Ferienwohnung
aplaudir klatschen, applaudieren
aprender (er)lernen
aprender algo de memoria auswendig lernen
aprobar (un examen) (eine Prüfung) bestehen
aquel/aquella jener dort, jene dort
aquí hier
el/la árabe Araber/in; arabisch
el árbol Baum
el/la argentino/a Argentinier/in; argentinisch
el armario Schrank
arreglar herrichten, herausputzen
arriba oben
el arroz Reis
el / la artista Künstler/in
el asado Grillfleisch, Grillfest
la asamblea Versammlung
asesinar töten, umbringen
así so
así así so lala
el asiento Sitzplatz
la asignatura Schulfach
la aspirina Aspirin-Tablette
asqueroso/a fies, abstoßend
asustado/a erschrocken
la atracción Attraktion, Fahrgeschäft
atreverse hacer algo sich trauen, etwas zu tun
el atún Thunfisch
la audición Tonaufnahme
el auditorio Zuhörer, Publikum
el aula Klassenraum
aún (immer) noch
Austria Österreich
el autobús Bus
la autopista Autobahn
el avión Flugzeug
ayer gestern
ayudar helfen
el / la azteca Azteke/in; aztekisch
el azúcar Zucker
azul blau

B

el bachillerato ≈ Abitur
bailar tanzen
el baile Tanz
bajar(se) heruntergehen; aussteigen; *hier:* rutschen
bajo/a klein (Körpergröße)
el balcón Balkon
el balé Ballett
la ballena Wal
el balón de fútbol Fußball
el baloncesto Basketball
el balonmano Handball
bañarse baden
el baño (cuarto de baño) WC, Toilette
el bar Bar, Café
barato/a billig, günstig
Qué barbaridad. Wie gemein!
bárbaro/a grausam, auch: toll, cool
la barra Stange
el barrio Stadtviertel
basta es reicht
Basta de protestas. Keine Widerrede.

bastante ziemlich
la batería Schlagzeug
beber trinken
la bebida Getränk
la beca Stipendium
besar küssen
el beso / besito Kuss / Küsschen
la biblioteca Bibliothek
la bici(cleta) Fahrrad
bien gut
Bienvenidos/as Willkommen!
el billete Ticket
la biografía Biographie
blanco/a weiß
el blog Blog
la blusa Bluse
la boca Mund
el bocadillo belegtes Brötchen
el bocadito Sandwich, belegtes Brot
la boda Hochzeit
la bola Kugel
Qué bola *kub.* Wie geht's?
la bolera Bowlingbahn
el bolígrafo (boli) Kugelschreiber, Kuli
el bollo Gebäckstück
la bolsa Tasche, Tüte
el bolsillo Hosen-/Jackentasche
la bombilla Glühbirne, Glühlampe
bonito/a schön, hübsch
el borratintas Tintenkiller
el bosque Wald
la botella Flasche
el brazo Arm
bucear tauchen
Buenas noches Gute Nacht!
Buenas tardes Guten Abend!
bueno also gut, naja
bueno/a gut, nett
Buenos días Guten Tag!
el buñuelo Windbeutel
buscar algo/a alguien etwas / jemanden suchen

C

el caballo Pferd
caber passen
la cabeza Kopf
los cacharritos Fahrgeschäfte
cada jede/r
caerse hinfallen, herunterfallen
el café Kaffee, Café
la caja Kiste, Karton
la calabaza Kürbis
la calculadora Taschenrechner
calcular rechnen
caliente heiß
callarse still sein, den Mund halten
la calle Straße
la Calle del Infierno Freizeitbereich mit Fahrgeschäften auf der Feria de Sevilla
la calma Ruhe
el calor Hitze, Wärme
la cama Bett
el/la camarero/a Kellner/in
el camarón Garnele
cambiar sich ändern
en cambio hingegen, im Gegensatz dazu
el camello Kamel
caminar wandern
el camino Weg
la camisa Hemd
la camiseta T-Shirt
el camping Campingplatz
el campo Land, Feld
el canal Kanal
la canción Lied
el / la candidato/a Kandidat/in
cansado/a müde
el / la cantante Sänger/in
cantar singen
la capital Hauptstadt
la cara Gesicht
el carácter Charakter
el caramel Karamell
cariñoso/a herzlich, liebevoll
la carne Fleisch
la carne al grill gegrilltes Fleisch
caro/a teuer
la carpeta Schnellhefter
la carta Brief, Speisekarte
la casa Haus
en casa zu Hause
casarse heiraten
la cascada Wasserfall

la caseta Bude, Festzelt
casi fast
castaño/a braun (Haare)
el casting Casting
Qué casualidad Was für ein Zufall!
catorce vierzehn
la cebolla Zwiebel
la cebra Zebra
celebrar feiern
la cena Abendessen
cenar zu Abend essen
el céntimo (Euro-)Cent
el centro Zentrum
en el centro in der Mitte
el centro comercial Einkaufszentrum
el centro histórico Altstadt
cepillarse los dientes Zähne putzen
cerca nah
el cerdo Schwein
la cereza Kirsche
cerrar schließen
el cerro Hügel
el champiñón Champignon
las chanclas Flip-Flops, Gummisandalen
la chaqueta Jacke
charlar reden, sich unterhalten
chatear chatten
estos/as chavales/as diese Jungs, diese Mädels
el/la checo/a Tscheche, Tschechin, tschechisch
cheta schickimicki, etepetete, snobistisch, hochnäsig
el / la chico/a Junge / Mädchen
el chile Chilischote
chistoso/a witzig
chocar con zusammenstoßen mit
el chocolate Schokolade, Kakao
Qué chulada. Wie toll!
la chuleta Spickzettel
chulo/a cool, toll
los churros frittiertes Spritzgebäck
el ciclismo Radsport
las ciencias naturales Naturwissenschaften
cierto/a sicher
el cilantro Koriander
cinco fünf
el cine Kino
la ciudad Stadt
el clarinete Klarinette
claro na klar
claro/a hell
la clase Klasse, Unterricht
el / la cliente Kunde/in
el club Club, Disco
el coche Auto
el coche de caballo Pferdekutsche
los coches locos / chocadores Autoscooter
cocinar kochen
la colchoneta Matte
el cole(gio) Schule
el / la colega Kollege/in
el color Farbe
el comedor Schulcafeteria
comer essen
la comida Essen
el comienzo Beginn
como wie
Cómo Wie?
Cómo se dice … Wie sagt man …? Was bedeutet …?
cómodo/a bequem
el / la compañero/a Mitschüler/in
compartir teilen
el compay *kub.* Kumpel
competir konkurrieren, zu Wettkämpfen antreten
complicado/a schwierig, kompliziert
componer algo bilden, zusammen darstellen
comprar kaufen
comprender verstehen
compuesto/a por bestehend aus
ser común y corriente gebräuchlich, gewöhnlich, üblich sein
la Comunidad Autónoma autonome Region in Spanien
con mit
el concierto Konzert
el concurso Contest, Wettbewerb
el cóndor Kondor
conectarse con algn por internet über das Internet mit jemandem in Kontakt treten / bleiben

Qué confusión. Wie verwirrend!
el conjunto de … Gesamtheit aller …
conmigo mit mir
la conmoción cerebral Gehirnerschütterung
conocer kennen, kennenlernen
la consecuencia Folge
el consejo básico grundlegender / grundsätzlicher Rat
la consola Spielkonsole
consolar trösten
constructivo/a konstruktiv
construir bauen, errichten
consultar zu Rate ziehen
contento/a zufrieden
contigo mit dir
en contra dagegen
el control Kontrolle, Test
convencer a algn überzeugen
el convento Kloster
copiar kopieren, abschreiben
el correo (electrónico) E-Mail
correr rennen, laufen
la corrida de toros Stierhatz / Stierkampf
cortar schneiden
se nos cortó el rollo das hat unsere Stimmung heruntergezogen
corto/a kurz
la cosa Sache
la costa Küste
costar kosten
costarle a algn eine Weile dauern, schwer fallen
la costilla Rippe
la costumbre Brauch
el cotilleo Tratsch
creer que glauben, dass
la crema solar Sonnencreme
cremoso/a cremig
cruzar überqueren
el cuaderno Heft
el cuadro Bild
cuál/es welche/r/s
cualquier/a irgendein/e, egal welche/r
cuando wenn (temporal)
Cuándo Wann?
Cuánto cuesta Wieviel kostet das?
Cuántos/as Wie viele?
el cuarteto Quartett
el cuarto Zimmer, Raum
cuatro vier
el cubanismo kubanischer Ausdruck
el/la cubano/a Kubaner/in, kubanisch
Cuidado Achtung! Vorsicht!
cuidar de sich kümmern um
la culpa Schuld
culpable schuldig; Schuldiger
el cumple(años) Geburtstag
cumplir (los) … años … Jahre alt werden
curioso/a neugierig
el curso Klasse, Kurs

D

la danza Tanz
dar geben
dar ponencias sobre Referate halten über
darle mareos a algn jemandem wird von etwas übel
de von, aus
de alta emoción sehr aufregend
De dónde Woher?
de manera + Adjektiv auf … Weise
de mi parte von meiner Seite
de nada bitte sehr! gern geschehen!
De parte de quién Wer spricht?
de primero als Vorspeise
de segundo als Hauptgang
de todo tipo alles Mögliche
de todos modos in jedem Fall
de una vez auf einmal, am Stück
debajo de unter
deber tun müssen, sollen, jmd etw schulden
los deberes Hausaufgaben
deberle algo a alguien jmdm etw schulden
decidir entscheiden
décimo/a zehnte/r
decir sagen
el dedo Finger
definir einordnen, bestimmen
dejar (hinter)lassen
delante de vor
delgado/a schlank

demasiado zu, zu viel, zu sehr
por dentro von innen
dentro de in, innerhalb, drinnen
depende de es kommt darauf an, ob … / es kommt auf … an
el deporte Sport
el deporte de canoa Kanu fahren
el / la deportista Sportler/in
deportivo/a sportlich
deprimido/a deprimiert
la derecha rechte Seite
desafortunadamente leider
desaprobar algo nicht bestehen, durchfallen
desarreglado/a unordentlich, unaufgeräumt, durcheinander
el desastre Desaster, Katastrophe
desayunar frühstücken
el desayuno Frühstück
descansar sich ausruhen
la descripción Beschreibung
descubrir entdecken
desde seit, von … aus
el desfile (de caballos) Umzug, Parade
el desierto Wüste
despertarse aufwachen
despistado/a unaufmerksam, chaotisch
después (de) danach, nachdem
el destino Ziel
detenido/a gründlich, genau
detrás de hinter
el día Tag
el diciembre Dezember
diecinueve neunzehn
dieciocho achzehn
dieciséis sechzehn
diecisiete siebzehn
el diente Zahn
diez zehn
la diferencia Unterschied
diferente anders, verschieden
difícil schwierig
Diga Ja, bitte?
Dinamarca Dänemark
el dinero Geld
Dios mío. Oh Gott!
el / la dios, diosa Gott, Göttin
la dirección Adresse
dirigirse a algn sich an jemanden wenden
la discoteca Diskothek
disfrutar de algo genießen
el dispositivo Gerät, Anlage
divertido/a lustig
divertirse Spaß haben
doce zwölf
el/la doctor/a Doktor/in
doler schmerzen, weh tun
el dolor Schmerz
el domingo Sonntag
donde wo (Relativpronomen)
Dónde Wo?
el / la dormilón, dormilona Schnarchnase, Schlafmütze
dormir(se) (ein)schlafen
dos zwei
ducharse duschen
la duda Zweifel
dulce süß
duodécimo/a zwölfte/r
durante während
durar dauern
duro/a hart

E

echar hinzufügen, hineintun, dazugeben
echar de menos vermissen
echarle bronca a alguien böse mit jemandem sein
la edad Alter
la educación Bildung
el efecto especial Spezialeffekt
el elefante Elefant
elegante elegant
elegir auswählen, aussuchen
Qué emoción Wie schön!, Wie aufregend!
emocionarle a algn jemanden in Aufregung versetzen
empanizado/a paniert
empezar anfangen, beginnen
el / la empleado/a Angestellte/r, angestellt
el / la empollón, empollona Streber/in
en in

enamorarse de verlieben in
encantador/a entzückend, wunderschön
me encantaría es würde mir gefallen
encantarle a alguien jemanden entzücken, jemandem sehr gefallen
encender anzünden, anschalten
encima de über, auf
encontrar finden
encontrarse (en) sein (in), sich befinden (in)
la energía Energie
el enero Januar
enfadado/a verärgert
la enfermedad Krankheit
el/la enfermero/a Krankenpfleger, Krankenschwester
enfermo/a krank
enfrente de gegenüber
el enganche Umzug, Zug
enorme riesig, sehr groß
la ensalada Salatmischung
entender verstehen
entonces also, dann
la entrada Eintrag, Eingang, Eintrittskarte, Vorspeise
entrar eintreten, betreten
entre zwischen
entrenar para una carrera professionell trainieren
entusiasmado/a begeistert
enviar senden, schicken
Qué envidia. Ich beneide dich!
el equipo Team, Mannschaft
la equitación Reiten
es (todo) un rollo Wie langweilig!
Es broma. War doch nur ein Witz.
Es que … Es ist so, dass …
es todo das ist alles
Es un sueño. Es ist ein Traum!
escalar klettern
el escenario Bühne
escribir schreiben
el escritorio Schreibtisch
escuchar hören, zuhören
la escuela Schule
la Escuela Secundaria Básica Sekundarschule
ese / esa diese/r da
esforzarse sich anstrengen
esfumarse en una clase eine Stunde schwänzen
los espaguetis Spagettis
la espalda Rücken
España Spanien
el/la español/a Spanier/in, spanisch
especial speziell, besonders
espectacular spektakulär
esperar a warten auf
Espero que estéis bien. Ich hoffe, es geht euch gut.
las espinacas Spinat
la esponja Schwamm
el esquí alpino alpiner Skilauf
esquiar Ski fahren
la esquina Ecke
la estación Bahnhof
el Estadio Olímpico Olympiastadion
el estado Staat, Zustand
el/la estadounidense/a US-Amerikaner/in; US-amerikanisch
la estantería Regal
estar sein, sich befinden
estar en forma in Form sein, Kondition haben
estar a unos (XX) kilómetros de … einige (ca. XX) Kilometer entfernt sein von …
estar de acuerdo einverstanden sein
estar de visita zu Besuch sein
el este Osten
este/a diese/r
la estepa Steppe
el estilo de música Musikrichtung
el estómago Bauch, Magen
estrecho/a eng, schmal
la estrofa Strophe
el estuche Mäppchen
estudiar lernen, studieren
Estupendo. Super!
el/la europeo/a Europäer/in; europäisch
la evaluación Auswertung, Bewertung
evaluar evaluieren, auswerten
el evento Veranstaltung
exagerar übertreiben
el examen, Pl: exámenes Prüfung
excelente sehr gut

excitante aufregend, spannend
la excursión Ausflug, Exkursion
el éxito Erfolg
la experiencia Erfahrung
el experimento Experiment
explicar erklären
la extensión Größe, Umfang
extraño/a außergewöhnlich, ungewohnt, komisch
extremadamente extrem

F

fácil einfach, leicht
la falda Rock
fallar misslingen
faltar fehlen
la familia Familie
familiar familiär, Familien-…, bekannt
famoso/a berühmt
el/la fanfarrón/fanfarrona Angeber/in
la fase Phase, Abschnitt
a favor dafür
favorito/a Lieblings-…
el febrero Februar
la fecha Datum
las felicitaciones Glückwünsche
feliz, Pl: felices glücklich
fenomenal toll
feo/a hässlich
la Feria de Abril / Sevilla großes Volksfest, Kirmes in Sevilla
el/la feriante Schausteller/in
la fiebre Fieber
la fiesta Fest, Feier
la figura Figur, Abbildung, *hier:* Aufdruck
el fin de curso Kursende, Schuljahresende
el fin de semana Wochenende
la final Finale
el flamenco Flamenco
flipar ausflippen, ganz begeistert sein
la flor Blume
el folleto Broschüre, Informationsflyer
en el fondo im Hintergrund
estar en forma in Form sein, Kondition haben
formal schick, formell
el foro Forum
la foto(grafía) Foto
la frambuesa Himbeere
francés französisch
Francia Frankreich
la fresa Erdbeere
fresco/a frisch
el frío Kälte
la fritura de pescado frittierter Fisch
la fructosa Fruktose
la fruta Obst
los fuegos artificiales Feuerwerk
fuerte stark, laut
funcionar *hier:* bestehen, geöffnet sein
fundar gründen
el fútbol Fußball
el futuro Futur

G

las gafas del sol Sonnenbrille
el / la ganador/a Gewinner/in
ganarse etwas gewinnen
tener ganas de hacer algo Lust haben, etwas zu tun
el garaje Garage
el / la gato/a Kater / Katze
el gazpacho Gazpacho
las / los gemelas/os (eineiige) Zwillinge
genial genial, toll
la gente Leute
la geografía Geographie, Landschaft
gigante gigantisch, riesig groß
la gimnasia Turnen
el gimnasio Sporthalle, Fitnessstudio
girar abbiegen
el glaciar Gletscher
el gluten Gluten
la goma de borrar Radiergummi
gordito/a mollig
el / la gorro/a Mütze
gracias danke
gracioso/a lustig
el grado (Jahrgangs)Stufe
Gran Bretaña Großbritannien
grande groß
la granja Bauernhof
grasoso/a fettig, fetthaltig
gratuitamente gratis, kostenlos

grave schlimm, ernst
la gripe Grippe
gris grau
gritar como loco/a schreien wie verrückt
el grupo (musical) Gruppe, Musikgruppe
guapo/a hübsch, gutaussehend
guay toll, super
los guisantes Erbsen
la guitarra Gitarre
gustaría würde gefallen, würde gerne
gustarle a alguien jemandem gefallen
el gusto Vorliebe, Geschmack

H

la habitación Zimmer, Raum
los habitantes Einwohner
hablar sprechen, reden
hablar por teléfono telefonieren
Hace (mucho) calor. Es ist (sehr) heiß.
Hace frío. Es ist kalt.
Hace mal tiempo. Es ist schlechtes Wetter.
Hace muchos años que Vor vielen Jahren
hace rato erst neulich, vor kurzem
Hace sol. Die Sonne scheint.
Hace viento. Es ist windig.
Hace / No hace buen tiempo. Es ist (kein) gutes Wetter.
Hace / Tenemos … grados (sobre / bajo cero). Es ist / Wir haben … Grad (über / unter Null).
hacer machen, tun
hacer la pelota a algn einschmeicheln, „schleimen“
hacer la(s) compra(s) einkaufen gehen
hacer una barbacoa grillen
hacerle un mal juego a algn jemandem übel mitspielen
hacerse etwas werden
tener hambre Hunger haben
el hambre Hunger
la hamburguesa Hamburger
la hamburguesería Burgerlokal
la harina Mehl
estar harto/a de satt haben
hasta bis, sogar
Hasta la vista Auf Wiedersehen!
Hasta luego Bis später!
Hasta mañana Bis morgen!
Hasta pronto Bis bald!
hay es gibt, es befindet/n sich
hay lugar da ist Platz
Hay nubes. Es ist bewölkt.
hay que man muss
Hay una tormenta. Es ist stürmisch / Es gibt ein Gewitter.
la heladería Eiscafé
el helado Eis
la herida Wunde, Verletzung
el / la hermano/a Bruder / Schwester
los hermanos Geschwister
el hielo Eis, Glätte
las hierbas finas feine Kräuter
el / la hijo/a Sohn, Tochter
el himno nacional Nationalhymne
la historia die Geschichte
Hola Hallo!
el hombre Mensch, Mann
la hora Uhrzeit, Stunde
Qué hora es Wie spät ist es?
el horario Stundenplan
el horno Ofen
horrible schrecklich
el hospital Krankenhaus
el hostal Hostel
el hotel Hotel
hoy heute
el hueso Knochen
el huevo Ei

I

la idea Idee
el idioma Sprache
el ídolo Idol, Star, Vorbild
la iglesia Kirche
igual gleich, egal
imaginarse algo sich etwas vorstellen
imitar nachahmen
importante wichtig
importar wichtig sein, jmdm etw ausmachen
impresionante beeindruckend
incluido/a enthalten, inklusive
incluir beinhalten
incluso sogar

increíble unglaublich
la influencia Einfluss
informarse sich informieren
la informática Informatik
la infusión Tee, Aufguss
inglés englisch
el/la inmigrante Einwanderer
innovador/a innovativ
inscribirse sich einschreiben
el insti(tuto) (weiterführende) Schule
el instrumento Instrument
la inteligencia Intelligenz
el interés Interesse, Hobby
interesante interessant
ser intolerante a algo ~intolerant sein
el invierno Winter
la invitación Einladung
el / la invitado/a Gast
invitar einladen
ir gehen
ir bien con gut passen zu
ir de compras shoppen, einkaufen gehen
ir en monopatín / montar skateboard Skateboard fahren
irse (weg)gehen
la isla Insel
Italia Italien
el/la italiano/a Italiener/in; italienisch
la izquierda linke Seite

J

el jamón Schinken
el jarabe Saft (Medizin), Sirup
el jardín Garten
la jaula Käfig
el jersey Pullover, Sweatshirt
el / la joven, los jóvenes Jugendliche/r
los juegos de pelota Ballsportarten
el jueves Donnerstag
jugar spielen (Sport und Spiel)
el julio Juli
la jungla Dschungel
el junio Juni
juntarse con sich anschließen, treffen
juntos/as zusammen, gemeinsam
el / la jurado Juror/in
justo/a gerecht

K

el kilómetro Kilometer
el kinder Kindergarten

L

el laboratorio Labor
la lactosa Laktose
el lago See
la laguna Lücke
la lámpara Lampe
lanzar werfen
el lápiz, Pl: lápices Bleistift
largo/a lang
la lástima Mitleid
Qué lástima. Wie schade!
lastimarse sich verletzen
la lata Dose
el látigo (eigtl: Peitsche) *hier:* Name eines Fahrgeschäfts auf der Feria
el/la latinoamericano/a Lateinamerikaner/in; lateinamerikanisch
la leche Milch
la lechuga Salatkopf
leer lesen
lejos (de) weit weg (von)
la lengua Sprache
lento/a langsam
el león Löwe
levantarse aufstehen
libre frei
la libreta Notizheftchen
el libro Buch
ligero/a leicht (Speise)
lila lila
la lima Limette
limitar con angrenzen an
el limón Zitrone
la limonada Limonade
lindo/a schön
el lío Durcheinander
el pelo liso glattes Haar
la lista Liste
la lista de la compra Einkaufsliste
listo/a schlau, klug
el litro Liter
la llama Lama
llamar rufen

llamar por teléfono anrufen
llamarse heißen
llegar ankommen
lleno/a voll
llevar tragen, anhaben, mitbringen, mitnehmen
llorar weinen
llover regnen
la lluvia Regen
lo das, es
Lo siento. Tut mir leid.
loco/a verrückt
lograr erreichen
el logro Errungenschaft
el lugar Ort, Platz
el lunar Muttermal
el lunes Montag
la luz Licht

M

la madera Holz
la madre / mamá Mutter, Mama
maduro/a reif, erwachsen
mágico/a magisch
el maíz Mais
majo/a nett
mal schlecht
el mal humor schlechte Laune
la maleta Koffer
lo malo das Schlechte
malo/a schlecht
mañana morgen
la mañana Morgen
mandar senden, schicken
el mango Mango
la mano Hand
el mapa (Land)Karte
maquillarse sich schminken
el mar Meer
la maravilla Wunder
la marcha Nachtleben
estar mareado/a schwindelig sein
marrón braun
el martes Dienstag
el marzo März
más mehr, plus
más despacio langsamer
la mascota Haustier
masticar kauen
el mate Mate (Pflanze oder Tee)
las matemáticas Mathematik
el mayo Mai
me parece ich glaube
Me puede poner con … Könnte ich mit … sprechen?
media noche Mitternacht
mediano/a halb
el/la médico/a Arzt, Ärztin
el medio de transporte Verkehrsmittel
medio kilo de … ein halbes Kilo …
el mediodía Mittag
a/al mediodía mittags
mejor besser, beste/r
el / la mellizo/a Zwilling, Zwillings-
el melocotón Pfirsich
la melodía Melodie
el melón Melone
aprender algo de memoria etwas auswendig lernen
menor de edad minderjährig
menos weniger, außer
menos cuarto viertel vor
el mensaje Nachricht
el mercadillo Flohmarkt
el mercado Markt
Mercosur (Mercado Común del Sur) gemeinsamer Markt Südamerikas
la merienda Imbiss am Nachmittag
la mermelada Marmelade
el mes Monat
la mesa Tisch
la mesilla de noche Nachttisch
el metro U-Bahn
el/la mexicano/a Mexikaner/in; mexikanisch
la mezcla Mischung
mezclado/a gemischt
mi mein/e
el miedo Angst
mientras während, währenddessen
mientras que während
mientras tanto inzwischen, derweil
el miércoles Mittwoch
el mínimo Minimum, das Mindeste
mirar schauen, sehen
al mismo tiempo gleichzeitig

la mochila Rucksack, Schulranzen
moderado/a gemäßigt, mittelmäßig, moderat
moderno/a modern
molar mucho total toll / super sein
el momento Moment
la momia Mumie
la montaña Berg, Gebirge
la montaña rusa Achterbahn
montar a caballo reiten
un montón (de) viele, eine Menge (von)
el monumento Denkmal
moreno/a braun, dunkel (Haare oder Haut)
morir sterben
la mortadela Mortadella (Wurst)
mostrar zeigen, deuten auf
moverse sich bewegen
el móvil Handy
mucho/a/os/as viel/e, sehr
la mudanza Umzug
el mueble Möbelstück
la mujer Frau
el mundo Welt
el mundo hispanohablante spanischsprachige Welt
la música Musik
muy sehr

N

nacer geboren werden
Nada de eso. Auf keinen Fall!, Nichts da!
nadar schwimmen
nada nichts, gar nicht
nadie niemand
la naranja Orange, Apfelsine
la nariz Nase
la natación Schwimmen
necesitar benötigen, tun müssen, brauchen
negar verneinen
negro/a schwarz
nervioso/a nervös
nevar schneien
Ni hablar. Auf keinen Fall!
Ni idea. Keine Ahnung.
Ni modo. Macht nichts!, Halb so schlimm!
la niebla Nebel
el / la nieto/a Enkel/in
la nieve Schnee
ningún, ninguno/a kein/e/r
el / la niño/a Kind
no nein, nicht, kein/e
no … ni … weder … noch …
no es para tanto Halb so schlimm
No pasa nada. Macht doch nichts.
No te preocupes. Mach dir keine Sorgen.
la noche Nacht
el nombre Name
la noria Riesenrad
normal normal
normalmente normalerweise
el noreste Nordosten
el noroeste Nordwesten
el norte Norden
Nos vemos. Wir sehen uns!
nosotros/as wir
la nota Note
el notable gut, bemerkenswert (Note)
notar algo bemerken, gleich erkennen
noveno/a neunte/r
el noviembre November
el / la novio/a feste/r Freund/in
la nube Wolke
nuestro/a unser/e
nueve neun
nuevo/a neu
nunca nie

O

o (u) oder
o sea … das heißt … , damit meine ich …
observar beobachten
el obstáculo Hindernis
obviamente (Adv.) / obvio/a (Adj.) absolut, selbstverständlich
la ocasión Gelegenheit, Anlass
ocho acht
octavo/a achte/r
el octubre Oktober
ocuparse de sich kümmern um
odiar algo hassen
el oeste Westen

ofrecer anbieten
oír hören
ojalá hoffentlich, schön wär's
el ojo Auge
once elf
el oncito Elfchen, Gedicht mit elf Wörtern
opcional optional, Wahl-…
opinar Meinung äußern, meinen
la opinión Meinung
la oportunidad Chance, Gelegenheit
ordenado/a aufgeräumt
el ordenador Computer
ordenar aufräumen, ordnen
la oreja Ohr
la organización de jóvenes Jugendorganisation
organizar organisieren, einrichten
el origen Herkunft, Ursprung
oscuro/a dunkel
el otoño Herbst
otra vez noch einmal
otro/a ein anderer/anderes / eine andere
Oye Hör mal!

P

el padre / papá Vater, Papa
pagar bezahlen
la página Seite
el país Land
el paisaje Landschaft
la palabra Wort
el palacio Palast
pálido/a bleich
Qué palo. Wie schrecklich!
la pampa Pampa (argentinisches Grasland)
el pan Brot
los pantalones Hose
el papagayo Papagei
la papelera Papierkorb
el paquete Paket
para für
para nada überhaupt nicht
la parada Haltestelle
parar Halt machen, aufhören
pararse sich hinstellen, stehen bleiben
parecer aussehen wie
la pared Wand
el parque Park
el parque acuático Erlebnisbad
el parque de ocio Freizeitpark
la parrilla Grillrost
la parte Teil
la participación Teilnahme
participar teilnehmen
el partido Spiel, Match
la pasada Hit, Wahnsinn
pasado/a vergangen, vorherig
pasar los sein, passieren, verbringen
pasar por vorbeischauen in, vorbeigehen an
pasarlo bomba eine tolle Zeit haben
pasárselo genial viel Spaß haben, tolle Zeit haben
pasear herumlaufen, spazieren
la pasta con salsa boloñesa Nudeln mit Bolognese-Soße
la pastilla Pille, Tablette
la patata Kartoffel
las patatas fritas Pommes Frites
patear treten, schießen (Ball)
patinar Schlittschuh fahren
el patio Schulhof, Innenhof
la pausa Pause
pedir bestellen, bitten
el peinado Frisur
peinarse kämmen
pelearse streiten
la película (peli) Film
peligroso/a gefährlich
las pelis románticas romantische Filme
el pelo Haar/e, Fell
la pelota Ball
Qué pena. Wie schade!
pensar denken, vorhaben
el pepino Gurke
pequeño/a klein
los peques Kinder
la pera Birne
perder verlieren
perderse sich verlaufen
perdérselo todo alles verpassen
Perdón Entschuldigung!
el/la peregrino/a Pilger/in
perezoso/a faul

perfecto/a perfekt
el periódico escolar Schülerzeitung
el / la periodista Zeitungsjournalist/in
el periquito Wellensittich
pero aber
la perra Hündin
el perro Hund
el perro caliente Hotdog
la persona Person
personal persönlich
la pesadilla Albtraum
pesado/a nervig
el pescado Fisch
el pescaíto frito frittierter Fisch
el pez, Pl: peces Fisch
el piano Klavier
picante scharf
picar scharf sein, auf der Zunge brennen
el pícnic Picknick
el pie Fuß
a pie zu Fuß
la piel Haut
la pierna Bein
el / la piloto/a Pilot/in
el pimiento Paprika
la piña Ananas
la piñata Piñata
el pingüino Pinguin
pintar anmalen
el/la pionero/a Pionier/in; *hier:* 12- bis 15jährige Schüler
la pirámide Pyramide
pisar betreten
la piscina Schwimmbad
la pizarra Tafel
el plan Plan
planear algo planen
las plantas exóticas exotische Pflanzen
el plátano Banane
el plato Gericht
el plato fuerte Hauptgericht
la playa Strand
la plaza Platz
la pluma Füller
pobre arm
pobrecita die Arme!
un poco (de) ein bisschen (von)
poco/a/os/as wenig/e, kaum
a pocos metros de … ein paar Meter entfernt von …
poder können
la poesía Poesie
el/la polaco Pole/Polin; polnisch
el / la policía Polizist/in
el polideportivo Sportanlage
el/la político/a Politiker/in; politisch
el pollo Hähnchen
pondrán punto final a … werden … ein Ende setzen
poner verbinden, zeigen, setzen, stellen, legen
poner la mesa den Tisch decken
ponerse la ropa anziehen
popular beliebt, berühmt
la popularidad Beliebtheit
por wegen
por aquí hier
por ejemplo zum Beispiel
por eso daher
por favor bitte
por fin endlich
por internet im Internet, über Internet
por otro lado auf der anderen Seite
Por qué Warum? Weshalb?
por supuesto selbstverständlich
por todas partes überall
Por un lado … por otro lado … Auf der einen Seite … auf der anderen Seite …
porque weil
la portada Portal
el/la portugués/a Portugiese/ Portugiesin; portugiesisch
posarse posieren (für ein Foto)
posible möglich
el póster Poster
el postre Nachtisch
practicar deporte Sport treiben
practicar el surf surfen
practicar / hacer atletismo Leichtathletik machen
preescolar Vorschule
la preferencia Vorliebe
preferir lieber mögen, bevorzugen
preguntar a fragen

el premio Preis
las prendas de ropa Kleidungsstücke
preocupado/a por besorgt um
preparar vorbereiten
presentar präsentieren, vorstellen
presentarse para un examen Prüfung ablegen
prestar (aus)leihen
prestar atención aufpassen
Qué presumido. Du Angeber!
presumir de algo angeben mit
preuniversitario/a Universitätsvorbereitungs-...
la primaria Grundschule
la primavera Frühling
primero zuerst, als erstes
el / la primo/a Cousin/e
la princesa Prinzessin
principalmente vor allem
al principio zu Beginn
el probador Umkleidekabine
probar probieren, versuchen
probarse anprobieren
la profesión Beruf
el / la profesional Profi
el/la profesor/a guía anleitende/r Lehrer/in
el / la profesor/a (profe) Lehrer/in
el programa Programm
prometer versprechen
el pronóstico (del tiempo) Wettervorhersage
pronto bald, schnell
la pronunciación Aussprache
proponer algo vorschlagen
a propósito A propos, übrigens
el / la protagonista Hauptperson, Hauptdarsteller/in
la provincia Provinz (Verwaltungsbezirk in Argentinien)
la próxima vez nächstes Mal
la prueba Probe, Test
la prueba de vino Weinprobe
las pruebas finales Abschlussprüfungen
en público öffentlich, vor Publikum
el pueblo Dorf
el puente Brücke
la puerta Tür
el puerto Hafen
pues also, nun ja
el puesto Stand
el puma Puma
el punto Punkt
el punto de encuentro Treffpunkt
el punto de salida Ausgangspunkt
la puntualidad Pünktlichkeit
el puré Püree

Q

Qué Was? Welche/r/s?
Qué + ... Wie ...! Was für ein/e ...!
quebrado (quebrar) gebrochen
quedar (con alguien) sich (mit jemandem) verabreden, treffen, übrig bleiben, übrig sein
quedarle bien a alguien jemandem gut stehen
quedarse borracho betrunken werden
quédate con ... bleibe bei ...
quemado/a verbrannt, verkohlt, mit Sonnenbrand
quemar (ver)brennen
querer wollen, lieben
querido/a liebe/r
el queso Käse
Quién(es) Wer?
la química Chemie
quince fünfzehn
la Quinceañera 15. Geburtstag; ein 15jähriges Mädchen
el quiosco Kiosk
quizás vielleicht

R

Qué rabia. Wie ärgerlich!
la ración Portion
rápidamente schnell *(Adv.)*
rápido/a schnell
el rato Weile
tener razón Recht haben
la reacción Reaktion
reaccionar reagieren
la receta casera Hausmittel
rechazar algo ablehnen
recibir erhalten, bekommen

el recinto Bereich, Gelände
reconocer wiedererkennen
el recorrido Tour
el recreo Pause
el recuerdo Erinnerung
Recuerdos a todos. Grüße an alle!
redactar textos Texte verfassen
refrescante erfrischend
el refresco Erfrischung
regalar schenken
regresar zurückkehren
regular mittelmäßig
la relación Beziehung
relajado/a entspannt
relajarse sich entspannen
el remedio Heilmittel
rentar un coche ein Auto mieten
repartir ver-, austeilen
de repente plötzlich
repipi etepetete, eingebildet
la res Rind
reservar reservieren, vormerken
el resfriado Erkältung
el restaurante Restaurant
el resultado Ergebnis
resultar gelingen, sich herausstellen
revisar überprüfen, nachsehen
la revista Zeitschrift
el/la revolucionario/a Revolutionär/in
el rey, la reina König/in
los Reyes de España spanisches Königspaar
rico/a lecker, reich
el rinoceronte Nashorn
el río Fluss
el ritmo Rhythmus
el pelo rizado krauses Haar, lockiges Haar
robar klauen
la rodilla Knie
rojo/a rot
Qué rollo. Wie langweilig!
Roma Rom
el/la romano Römer/in, römisch
romper kaputt machen, zerschlagen
romperse algo sich etwas brechen
la ropa ligera / gruesa Kleidung (leicht / warm)
rosa rosa
rubio/a blond
las ruedas Räder, Reifen
el ruido Lärm
el/la ruso/a Russe/Russin; russisch
la ruta Straße, Strecke, Weg

S

el sábado Samstag
saber wissen, können
saber a schmecken nach
el sabor Geschmack, Sorte
el sacapuntas Anspitzer
sacar herausholen, herausnehmen
sacar fotos Fotos machen
sacar una nota eine Note bekommen
el safari Safari
sagrado/a heilig
la sal Salz
salado/a salzig
la salchicha Wurst
salir ausgehen, herauskommen
salir bien gute Ergebnisse herausbekommen
el salmón Lachs
la salsa Soße
saltar springen
el saludo Gruß
salvaje wild
la sandía Wassermelone
sangrar bluten
el saxofón Saxophon
se ve … es sieht … aus
secreto/a geheim
la secundaria weiterführende Schule
en seguida sofort
seguir weitergehen, weitermachen
según laut, nach, … zufolge
seguro/a sicher
seis sechs
la Selección Nacional Auswahl, *hier:* Nationalmannschaft
el Selfie Selfie
la semana Woche
sencillo/a einfach, schlicht
el senderismo Wandern
el/la señor/a Herr, Dame
sentarse hinsetzen

sentirse sich fühlen
separado/a getrennt
el septiembre September
séptimo/a siebte/r
ser sein
la serie de televisión Fernsehserie
en serio ernsthaft, wirklich
la serpentina Serpentine, scharfe Kurve
serrano/a getrocknet
servir servieren
la Sevillana typischer Tanz aus Sevilla
sexto/a sechste/r
el show Show
si wenn, ob, falls
sí ja
siempre immer
la sierra Gebirge
siete sieben
el siglo Jahrhundert
el silencio Stille, Ruhe
la silla Stuhl
el sillón Sessel
simpático/a sympathisch, nett
sin ohne; ~frei
sin falta auf jeden Fall
sino sondern
el síntoma Symptom, Krankheitsanzeichen
el sistema escolar Schulsystem
el sitio Ort
estar situado/a en … /al … sich befinden
el slacklining slacklinen
sobre las 00.00 gegen 00.00 Uhr
sobre todo vor allem
el sobresaliente sehr gut, überragend (Note)
el/la socio/a Mitglied, Gesellschafter/in
Socorro Hilfe!
el sofá Sofa
el sol Sonne
soler hacer algo normalerweise tun, pflegen
solicitar algo sich um etwas bewerben
el sollozo Seufzer, Schluchzen
sólo nur
solo/a allein, einsam
soltarse sich losreißen
sonar klingen, sich anhören
la sopa Suppe
la sorpresa Überraschung
soso/a fad, geschmacklos, langweilig
su sein/e, ihr/e
la subida Aufstieg
subir hinaufsteigen
Suecia Schweden
el suelo Boden
el sueño Traum
la suerte Glück
la mala suerte das Pech
por suerte zum Glück
Qué suerte Was für ein Glück!
el suficiente ausreichend (Note)
Suiza Schweiz
súper sehr, total
Súper chido. Super toll! (mex.)
superar algo überwinden
el supermercado, el súper Supermarkt
la suposición Annahme
el sur Süden
el sureste Südosten
el suroeste Südwesten
Qué susto Was für ein Schreck!

T

el tablet Tablet-PC
los tacones (altos) (hohe) Absätze
Qué tal Wie geht's?
tal vez vielleicht
el talento Talent (Person und Fähigkeit)
la talla Kleidergröße
también auch
tampoco auch nicht
el tango Tango
tanto/a so sehr, so viel
las tapas Häppchen, Tapas
ir de tapas Tapas essen gehen
el tapir Tapir
la taquilla norte nördlicher Kassenschalter
la tarde Nachmittag
por la tarde nachmittags
tarde spät
la tarea Aufgabe
la tarta con velas Geburtstagskuchen mit Kerzen darauf
el taxi Taxi

el té Tee
el teatro Theater
la tela Stoff
la tele(visión) Fernsehen
el teléfono Telefon
televisivo/a Fernseh-...
el televisor Fernseher
la temporada Staffel
temprano früh
tener haben
tener lugar stattfinden
tener que müssen
tener que ir al baño auf Toilette müssen
tener razón Recht haben
tener un/a hijo/a ein Kind bekommen
terminar aufhören, beenden
terminar la relación Beziehung beenden
la terraza Terrasse
el texto Text
tía idiota Blöde Ziege
el tiempo Zeit, Wetter
el tiempo libre Freizeit
la tienda Geschäft, Laden
el tinto de verano Sommerwein: Mix aus Rotwein und Zitronenlimonade
el / la tío/a Onkel, Tante
típico/a typisch
el tipo Typ, Art
el tipo de música Musikrichtung
tirar ziehen, werfen
la tiza Kreide
la toalla Handtuch
el tobillo Knöchel
el tobogán Rutsche
tocar spielen (Instrument), anfassen
de todas maneras auf jeden Fall
todavía (immer) noch
todo alles
(haber) de todo alles Mögliche (geben)
todo el / toda la ganze/r/s
todo recto geradeaus
todo(s/as) alle(s)
todos los días jeden Tag
tomar bestellen, nehmen
tomar el sol sich sonnen
el tomate Tomate
tonto/a dumm
la torre Turm
las torrijas „Arme Ritter" (Gericht)
la torta *arg.:* Torte
la tortilla Tortilla
la tortuga Schildkröte
en total insgesamt
trabajar arbeiten
el trabajo Arbeit
la tradición Tradition
tradicional traditionell
traer bringen
el traje Tracht
el traje de gitana con volantes typisches schwingendes Flamencokleid im Zigeunerstil
tranqui ruhig (ugs.)
tranquilo/a ruhig
tratar de algo handeln von
tratar de hacer algo versuchen, zu tun
trece dreizehn
el tren Zug
tres drei
el trimestre Trimester
triste traurig
la trompeta Trompete
tropezar con stolpern
tu dein/e
tú du
el tucán Tukan
el/la turco/a Türke/Türkin; türkisch
el / la turista Tourist/in
el turno Einheit, Schicht
turquesa türkis
Turquía Türkei

U

último/a letzte/r/s
un / una ein / e
único/a einzig(artig)
el uniforme Uniform
uno eins
usar benutzen
usted/es Sie
la uva Traube

V

Qué va Ach was! Blödsinn!
la vaca Kuh
las vacaciones Ferien

vale okay, einverstanden
valiente mutig
el vals Walzer
Vamos Los geht's!
los vaqueros Jeans
el vaso Glas
Vaya susto Was für ein Schreck!
a veces manchmal
el / la vecino/a Nachbar/in
ser vegetariano/a Vegetarier/in sein
veinte zwanzig
la velocidad Geschwindigkeit
el vendaje Bandage
el / la vendedor/a Verkäufer/in
vender verkaufen
Venga Los! Macht schon!
venir kommen
la ventana Fenster
a ver mal sehen
ver sehen
el verano Sommer
la verdad Wahrheit
verde grün
la verdura Gemüse
el vestido Kleid
la vez / primera vez (erstes) Mal
viajar reisen
el viaje Reise
la vida Leben
el vídeo Video
el vídeo de solicitud Bewerbungsvideo
el videojuego Videospiel
viejo/a alt
el viento Wind
el viernes Freitag
el vinagre Essig
el viñedo Weinberg
violeta violett
el violín Geige
la visita Besuch
visitar besuchen
la vista Ausblick, Aussicht
la vitrina Vitrine, Glasschrank
vivir leben, wohnen
en vivo live
el volcán Vulkan
el voleibol Volleyball
volver zurückkehren
volver a hacer algo wieder tun

Y

y (e) und
y cuarto viertel nach
y eso que und das, obwohl …
y media (*wörtl.*) und halb
ya schon, gleich
ya no nicht mehr
yo ich
el yogur Joghurt

Z

las zapatillas Turnschuhe
los zapatos Schuhe
el Zócalo zentraler Platz in Städten Mexikos
la zona general allgemeine Zone, Bereich im Stadion ohne Sitzplätze
el zumo Saft